持たない幸福論

働きたくない、
家族を作らない、
お金に縛られない

pha
ファ

幻冬舎

持たない幸福論

働きたくない、
家族を作らない、
お金に縛られない

目次

ブックデザイン　寄藤文平＋新垣裕子（文平銀座）

はじめに

なんでこんなにみんなしんどそうなんだろう？

最近自分の周りを見ても、ニュースを見ても、生きるのがつらそうな人が多いなと思う。会社でうまく働けなくてつらい、薄給なのに仕事がキツくてつらい、職が見つからなくてつらい、収入が不安定で人生の先行きが見えなくてつらい、お金がなくて生活が苦しくてつらい、結婚したいけれど相手が見つからなくてつらい、結婚したけどうまくいってなくてつらい、子育てで疲れ果ててつらい、親の介護の負担が大きくてつらい、家族と仲が悪くてつらい、自分が抱えている病気でつらい、など、人によってつらい理由はそれぞれ違うけれど、常にみんな何かに追われているかのように余裕がなくて疲れていて、そうして疲れきった人たちの一部が、ときどき事件を起こしてしまってニュースに上がってきたりする。

この社会では、なんでこんなにみんなしんどそうなんだろうか？

そりゃあまあ二千五百年ほど前に既にお釈迦様が「生きることは苦である」みたいなこ

とを言ってたくらいだし、ヒトという大脳が異常に発達して余計なことを考えすぎる生き物が生きるというのは根本的に苦しさがついて回るものなのかもしれない。

しかしそれでも、これだけ文明が発達したんだから、もうちょっとなんとかならないものだろうかと思う。今の日本は物質的にも豊かで文化も充実していて治安もいいのに、こんなに生きるのがつらそうな人が多いのはちょっと変じゃないだろうか。

お金の問題なんだろうか？　みんなお金があれば幸せになるんだろうか？

確かにお金は大事な要素だ。困っている人の悩みのほとんどはお金で解決できる。お金は万能だ。今の社会で生きるのが苦しい人が増えたというのは、昔に比べて景気とか雇用とかが悪化してお金のない人間が増えたからという面はあるだろう。

でもだからといって「じゃあお金の力でなんとかしましょう！」という方向に行ってもあまり解決しなさそうな気がする。

「お金があれば解決します、だからもっと頑張ってお金を稼ぎましょう！」ってみんなに言っても、その方向性でなんとかなるのはうまく稼げる一部の人だけで、多くの人はそんなに稼げるわけじゃない。「もっと働かなきゃ、もっと稼がなきゃ」と焦って仕事に追われることで、逆に過労やストレスで不幸になる場合も多そうだ。しかも、そこそこお金を稼いでいたとしても、事故とか病気とか災害とか不安の種は無数にあるから、完全に備えようとするといくらでもお金がかかってしまって、何億円も資産があるような富豪以外は「お金があるから安心」という感じにはならなさそう……。

また、お金に困る人が増えた原因の一つである、国全体を取り巻くような景気だとか経済だとかそういう要素は一人ひとりが頑張って変えられるようなものではない。「景気を良くするために国民みんなで死ぬほど働きましょう！」みたいな社会は地獄だなーと思うし、あんまりそこを頑張っても仕方ないだろう。

そもそも、日本はなんだかんだ言っても世界の中では金銭的に裕福で恵まれているほうだと思う。それなのにこんなに生きるのがつらい人が多いのはなんでなんだろうか。

プレッシャーが強くてセーフティーネットが弱い社会

今の日本で生きるのがつらい人が多い原因は、単純にお金がないとかいう問題より、社会を取り巻いている意識や価値観の問題が大きいと思う。今の社会では、生きていると常に外から内からプレッシャーをかけられているように感じる。

例えば、

「大学を出て新卒で正社員で就職しないと一生苦労するぞ」

「ちゃんと働かないと年をとったらホームレスになるしかない」

「X歳までに結婚してX歳までに子どもを作らないと負け組」

「仕事も家庭も子育ても大人なら全部完璧にこなせるのが当然」

「人生が苦しいのは自己責任、真面目に頑張っていればそうはならないはず」

「病気になるのは自己管理が足りない、社会人として失格」

「年金は将来もらえるか怪しいから自分で備えておかないとやばい」

「親の介護や子どもの教育や自分の老後のためにX万円は貯金が必要」

みたいな感じだ。

なんか、普通とされている生き方モデルがすごく高いところに設定されていて、実際にそれを実現できるのは全体の半数以下くらいの人だけでしかないのに、「真面目にやっていればそれをみんな普通に達成できるはず」というプレッシャーが社会全体に漂っている気がする。しかも、それをうまくこなせずに「普通」から外れてしまった人をカバーしてくれるようなセーフティーネット的な仕組みもあまりなくて、「普通」から外れた人に対する世間の目は冷たいし、自分に厳しい真面目な人が多いから「普通のことができない自分はなんてだめなんだ……」って自分でも自分を追い詰めたりしてしまう。


要は、多くの人が普通にこなせないものを「普通の理想像」としてしまっているから、みんなその理想と現実のギャップで苦しむのだ。そんな現状と合っていない価値観からは逃げていいと思う。そんな価値観に従うのは自分で自分の首を絞めるだけだ。

そうした価値観に従うことで得をするのは、現在それをなんとか実現できている一部の恵まれたラッキーな人たちと、昔のそうした価値観がそれほど社会の現状とズレていなかった頃に育った古い世代だけだろう。そういう人たちはまあ、自分たち用の「宗教」としてそういう価値観を持っていればいいんだろうけど、レールにうまく乗れない人まで同じ価値観を共有する必要はない。価値観というものは本当はもっと多様なものだし、生き方というのはいろんな方向に広く開かれている。もっといろんな生き方があっていいはずだ。

「何故現状と合わない価値観が今の社会で支配的になっているのか?」という理由については、五十年くらい前の昔の日本社会では「みんな結婚して会社員の夫の稼ぎで妻子を養って子どもを育てて幸せな家庭を築く」という一つの理想モデルで大多数の人間の人生をカバーできていたんだけど、時代とともに社会状況が変化したせいで(少子高齢化や経済成長の鈍化や非正規雇用の増加など)、その枠組みで大多数の日本人をカバーすることが無理になってしまったからだ(社会学者の本田由紀さんの『社会を結びなおす』(岩波ブックレット)という五十ページくらいの薄い本でそのへんの流れがコンパクトに説明されているので興味のある方はどうぞ)。

変化の速い現代では二十年ごとくらいに社会状況や人間の生き方がかなり変わってしまうから、みんな親の世代とはずいぶん違う社会を生きることになる。だから新しい社会状況に合わせるために価値観やライフスタイルを次々と更新していかないといけないんだけど、今の日本ではその入れ替わりがうまくいっていないのだと思う。古い生き方は一部の人間しか救う力がないのにそれに代わる新しい生き方もまだ力を持っていなくて、古い価値観がいまだに人々にプレッシャーをかけ続けて苦しむ人が増えている。それが今の日本の生きづらさの正体なんじゃないだろうか。そうだとしたら、現状に合わない古い価値観は徐々に捨てていって、新しい生き方を探っていく必要があるだろう。

合わない場所からは逃げていい

「真面目に学校に行ってちゃんとした会社に入ってずっと働き続けて家族を支える」みたいないわゆる「真っ当な」生き方は、世界にたくさんある生き方パターンの一つでしかないし、そのルートが向いてない人は無理にそれを目指す必要はない。自分に合わない場所で苦しむよりはそこから逃げてもうちょっと自分が楽にいられる場所を探せばいい。世の中に生きる場所は無数にある。僕自身も逃げて楽になった一人だ。

働くことはまあ大事なことではあるけれど、人が生きるにおいて絶対的に必要なわけではないというか、あまり働かずに済むなら働かないほうがいいくらいなものだ。ちょっと日本人は滅私奉公しすぎというか、仕事に自分の時間やエネルギーを捧げることを美化しすぎるきらいがあると思う。

じゃあ生きるにおいて本当に大事なことは何かというと、「一人で孤立せずに社会や他人との繋《つな》がりを持ち続けること」と「自分が何を好きか、何をしているときに一番充実や幸せを感じられるかをちゃんと把握すること」の二つだと僕は思う。孤立しないことと充実感を持つこと、それが仕事や会社や家族とうまく一致していれば問題はないんだけど、それはしばしば一致せずにズレてしまって、人を幸せにするためにあったはずの仕事や会社や家族が人を縛って苦しめたりするから厄介なのだ。

生きるのが苦しくなったときは、世間の価値観や周りの意見にとらわれずに「自分が何が好きか」という感覚をしっかり持つことが大事だ。「自分はこれが好きだ、これをしているときが幸せだ」というものをはっきり持てば充実感を味わえるし、同じような趣味や価値観を持つ仲間もできるし、人との繋がりができればそれが社会の中の居場所として自分を支えてくれる。また、知り合いが仕事を紹介してくれたりだとか、好きなことの延長が仕事になったりすることもある。

僕の場合の好きなものは、インターネットだった。二十八歳のときにふと「ネットがあれば仕事を辞めても孤独にはならないし、暇潰しにも困らないし、ある程度の収入も得られるんじゃないか」と気づいて、ずっと嫌々ながら勤めていた会社を辞めて、それ以来八年間定職に就かずふらふらとした生活をしている。

そもそも昔からずっと学校や仕事が苦手だった。体力がなくて疲れやすくていつもすぐに横になりたくなるし、朝も弱くてなかなか起きられないし、集団行動をするのも苦手だから一人でのんびり過ごしていたくて、学校とか会社とか行くのだるいなー、毎日家でぼんやり本でも読んで過ごしてたいなー、とずっと思っていた。

そう思ってはいたんだけど、「そんな風に思う自分は怠惰なだめ人間なんだろうか……」とか「もっと自分を鍛えれば、もしくは慣れれば、ちゃんとした社会人になれたりするのだろうか……」とか悩んだり迷ったりしていて、合わないなあと思いつつもなんとなく学校に通って、他にやりたいこともなかったのでとりあえず受験勉強をして大学に入って、働きたくないなあと思いつつもしぶしぶ就職したりした。

そんな風にとりあえず「普通っぽい」進路を選んではみたんだけど、内心は「毎日会社に通わなきゃいけないのとか苦行すぎて意味が分からないし、こんな生き方あんまり面白くないな……」とずっと違和感を持っていた。我慢しながら会社員として働いていたけど仕事をやる気は全然なくて、職場でもかなり浮いていてあまり居心地は良くなかった。

そんなときにハマったのがインターネットだった。その頃、二〇〇〇年代半ばは、ブログやＳＮＳの登場でそれまでよりもずっと気軽にネットで他人と知り合いやすくなった時代だった。

ネットには無数に面白い情報が溢《あふ》れていて、自分と話の合う人たちが大量にいた。リアルで人と話すのは苦手だったけど、ネット越しでの文字のコミュニケーションには向いていたんだろう、ネットではわりと簡単に知人や友人を増やすことができた。ネットの中で文章を書いたりお喋《しゃべ》りをしたり好き勝手に遊んでいたら、いつの間にか自分と同じようにネットが好きな友達がたくさんできていた。

会社のオフィスでも仕事はロクにせずに一日中ネットばかり見ていた。ブログを書いたりとか、プログラミングを覚えてウェブサイトを作ったりとか、ツイッターやチャットでお喋りなどをしていたらそれだけですごく楽しくて、「仕事を辞めてもネットさえあればなんとかやっていけるんじゃないか？」と思うに至って、二〇〇七年の夏に会社を辞めてニートになったのだった。

好きなものが自分を支える

会社を辞めた瞬間は本当にスッキリした。まあお金はあまりないし先行きもどうなるかは分からないんだけど、「みんな普通はそうしているものだから」と、自分でピンと来ない生き方に渋々従っているときに比べて、毎日自分自身で判断してやりたいようにできる生活のほうがずっと生きている実感があった。

ニートになった僕はとりあえず、それまで暮らしていた関西を離れて全く住んだことのない東京へと上京した。ネットの知り合いやネットで見かける面白そうなイベントは大体全部東京に集まっていたからだ。東京でネットで知り合った人と遊んだりしていれば、無職でも全く孤独にはならなかった。何か欲しい物があるときはネットで「誰か自転車余ってませんか」とか「捨てる家具ありませんか」とか聞くと、親切な人が結構タダで譲ってくれた。広く探せば世の中には物はたくさん余っているものだ。あと、プログラミングで作ったサイトやブログに広告を貼ることで、ある程度の金銭収入も得られたりもした。

そして、もともと僕は学生の頃に寮に住んでいて共同生活が好きだったので、また寮のような、ネット上だけではなくリアルで人が集まれる溜まり場を作りたいと思って、「ギークハウス」というパソコン好きやプログラマが集まるシェアハウスを立ち上げて、ネットで知り合った仲間と共同生活をするようになった。

ちなみにちょっと話が逸《そ》れるけど「ニートがプログラミングを覚えて就職して社会復帰した」みたいな例は結構多くて、僕の知り合いだけでも十人くらいいる。プログラミングやコーディングなどのＩＴ系のスキルは独学でも勉強できるし、人と話すのは苦手だけどもくもくとパソコンに向かい続けるのは好きだという人は結構いる。ひたすらコツコツと作業する職人的な仕事なので、ちょっと変人でも技術があればそれなりに働ける。ＩＴ系、特にウェブ系は若い業界で小さい会社が多いから経歴がなくても潜り込みやすいし求人も多い。という感じで、人によって向き不向きはあるけど、ニートがプログラミングなどのＩＴ系スキルを身に付けるのは結構お勧めだ。まあＩＴ系以外でも、料理でもデザインでもマッサージでもなんでもいいから、自分が好きなことの延長線上でなんかちょっと人の役に立てるようなスキルを身に付けておくと、今いる場所と別の場所に行っても受け入れてもらいやすくなって、社会の中での動きやすさが少し上がるので良いと思う。

そんなこんなで僕は毎日昼過ぎに起きるようなふらふらした生活を始めてから八年経つんだけど、生活費をどうしているかというと、ブログを書いたりサイトを作ったりとか、古本やデジタル機器を安く手に入れてネットで売ったりとか、ときどき文章を書いて原稿料をもらったりとか、そんな感じでなんとかしのいでいる。できるだけ働きたくないので、仕事を頑張っているというよりは趣味の延長でちょこちょこと小銭稼ぎをやっているという感じだ。そんなゆるい感じでやっているとやっぱりあまりお金は入ってこなくて、大体毎年の収入は百万円前後くらいだろうか。日本の中では低収入なほうだろう。

でもまあお金はあまりないけど、最低限生きてはいけるし、好きなことをやっていれば毎日は楽だし、仲間がいればわりと楽しいし、お金がなくてもちょっと工夫をすれば毎日の中で面白いことがたくさんできると思っている。

例えば、暇潰し用のコンテンツなら今はネットや図書館や古本屋でいくらでも安価に手に入るし、寂しくなったらネットの知り合いと適当にチャットをしたり、ときどきはオフ会的に集まったりとかすればいい。シェアハウスに住んでいると家賃も安く済むし、人を集めて宴会とかもやりやすい。他にも、最近は和歌山県の山奥に家賃が月五千円の古民家を友達と共同で借りてときどき遊びにいくシェア別荘にしたりとか、そんな感じでお金がなくても楽しめることはいくらでもあると思っている。

会社や家族に属さなくても、インターネットやシェアハウスでゆるく仲間を作っていれば、孤独にならずにわりと楽しく暮らしていける。あんまりお金がなくても、毎日好きなだけ眠ってのんびりと目を覚まして、天気のいい昼間に外をぶらぶら散歩したりしていれば十分幸せな気がする。

会社や家族やお金に頼らなくても、仲間や友達や知り合いが多ければわりと豊かに暮らしていけるんじゃないだろうか。生きていく上で大事なのは他者との繋がりを保ち続けることや社会の中に自分の居場所を確保することで、仕事や会社や家族やお金はその繋がりを持つためのツールの一つに過ぎない。いわゆる「普通」とされている生き方以外にも、世界には生き方はいくらでもある。

ただまあ、働くことや稼ぐことにとらわれすぎても良くないけど、逆に働かないことに固執しすぎるのも良くないだろう。ニートでふらふらしている状態も一時的ならいいものだけど、ずっとそこから抜け出せなくなるとつらい。多分理想的なのは、会社員を数十年間ずっと続けるのでもなくニートを数十年間ずっと続けるのでもなく、その中間くらいで流動的に、状況に合わせてあっちに行ったりこっちに来たりできるような感じだ。

昔の日本では仕事に自分の時間の大半を捧げることが理想とされていたけれど、その厳しさがニートやひきこもりなどの脱落者を生んだり、出産や育児など家庭のことと仕事のキャリアとを両立させるのが難しくて少子化や晩婚化を引き起こしたりしてきた。今は終身雇用で何十年も雇われるのを目指す時代でもないし、家庭を持てばその中で何十年もずっと安定が続くと安心できる時代でもない。だから、仕事がしんどくなったら数カ月や数年しばらく休んだりとか、元気が出たらまた社会に出て働いたりとか、暮らす相手も状況に応じて柔軟に組み替えていったりとか、そういうのを流動的に選べるような生き方がこれからは必要とされているのだと思う。

知識は人を自由にする

僕が何故本やブログを書いているかというと「知識は人を自由にする」と思っているからだ。

僕は小さい頃から毎日学校に行ったり会社に勤めたりする生き方に違和感を抱いていたけど、そういうことを周りの人に言っても「何言ってんだ？」みたいな感じで理解してもらえなかった。だから「自分のほうが間違っているんじゃないか？」「自分がだめなだけじゃないか？」という不安がずっとあった。

でも成長するにつれていろんな本を読んだりしていくと、「今の世の中のメインになっている価値観は絶対的なものじゃなくて、それはここ何十年かで出てきた一時的なものに過ぎない」「世界にはもっといろんな価値観や生き方がある」ということを知ることができて、そうすると「会社や学校に違和感を持つ自分の生き方もまあありなんじゃないか」という風に、自分の生き方にある程度自信を持てるようになった。

本というのは「自分がぼんやりと気づきかけていることをはっきりと言葉にして教えてくれるもの」だ。本を読んで知識を得ることで、頭の中が整理されたり、考え方の選択肢を増やすことができたり、自分の周りの世界で当たり前とされていることを相対化して見ることができるようになったりする。本を読むことで僕は生きるのが楽になった。

周りにいる人たちとの生活だけでそれほど違和感を覚えないのならわざわざ本を読む必要はないけれど、自分の考えていることを分かってくれる人が周りにいないようなとき、遠くにいる顔も知らない誰かが書いた文字列が自分を支えてくれることがある。

別にこの本を読んだ人みんなが、僕みたいに会社を辞めてニートになったりとか友達とシェアハウスで暮らしたりとか都会と田舎を往復したりとかをすればいいと思っているわけじゃない。僕の例は極端な例だから多分万人に勧められるものではないし、人によってそれぞれ向いている生き方は違うし、なんだかんだ言っても社会の多数派に合わせてるほうが楽なことも多いからだ。

ただ、「こんな生き方やこんな考え方もありなんだ」という選択肢の多さを紹介することで、この社会に漂っている「人間はこう生きるべきだ」という規範意識のプレッシャーを少し弱らせて、みんなが自分自身の生き方にも他人の生き方にも少しだけ寛容になって、生きることの窮屈さが少しマシになればいいなと思いこの本を書いた。

一昔前の社会だったら「会社と家族を大切にして生きるのが幸せな人生だ」（さらに昔だったら「イエとムラを大切にして生きるのが幸せな人生だ」）みたいな大きな頼るべき価値観があって、それに従って大人しく真面目にやっていれば、誰でも最低限は食わせてもらうことができた。でも今は社会状況が変わってしまって、会社も家族もイエもムラも、完全になくなったわけじゃないけれど、人の生き方を包括的に支えてくれるような強い力を失ってしまった。だから今は大きな価値観に頼るのではなくて自分の頭で一つひとつのことを考えて生き方を設計していかないといけなくなった。

そんな状況の中でそれぞれの人が自分に合った新しい生き方を考えるためのサンプルとして、僕や僕の友人の生き方や僕が本で読んだいろんな考え方などをこの本では紹介していきたいと思っている。

今は今までで一番自由な時代

「生きるのがつらい人が多い時代だ」ということを最初に書いたけれど、僕はそれと同時に「今は今までの歴史の中で一番なんでもできる自由な時代だ」ということも思っている。

例えば、僕や僕の友達がやってるような「会社を辞めて昼間からふらふらしている」とか「シェアハウスで友達と共同生活をしている」とか「都会から田舎の山奥に移住する」とかそういうのって、三十年前の社会だと「すごく変な人」「何か宗教でもやってるんじゃないか」「警察に通報したほうがいいんじゃないか」などと疑われて怪しまれるような感じだった。

それが今だと、まだまだ「普通」と見られるわけじゃないけど、「変な人だけど、まあそういう人もいるよね」くらいの感じに少しずつなりつつある。それは「人はみんなこう生きるべき」というメインの価値観の力が弱まって、価値観が多様化しつつあるからだ。

まあ、今でも多少変人として白い目で見られるのは仕方ない。世の中の大勢の価値観というものはそんなに一気には変わらない。特に年をとった人間の考え方は変わりにくい。でも古い価値観を持った世代はこれからどんどん死んでいく。今いる年配の人間は、十年後、二十年後には死ぬか老いるかして少しずつ社会から退場していく。

世の中は「三歩進んで二歩戻る」くらいの感じで少しずつしか変わらないけど、確実に少しずつは変わっていく。時間はかかるかもしれないけど、ニートやシェアハウスやボランティアやシングルマザーや地方移住や専業主夫や同性婚など、今は「一部の変人」がやるものとされている少数派の生き方が、少しずつ「ちょっと変わってるけどそういう人もいるよね」というレベルの認識になっていくはずだ。

多少変な人だと周りから見られるのさえ気にしなければ（そもそも違う価値観の人の目なんて気にしなくていい）、今は今までで一番なんでもいろいろ自由にやりやすい時代だと思う。なんだかんだ言っても日本は物はたくさんあるし、各種の文化や娯楽もレベルが高いし、食べ物も美味しいし、治安もいいしインフラも整備されている。インターネットの発達で、個人が情報を発信したり友達とこまめに連絡を取ったりとかも昔より全然やりやすくなった。

今の社会は生きるのに必要な物資や技術といったハードウェアは既にかなりなレベルで整っているから、あとは「どういう風に生きるか」というソフトウェアさえうまくインストールできれば、もっと伸び伸びと楽しく生きられるはずだ。そうした新しい生き方を考えるヒントとして、この本が役立てばいいなと思う。

第一章　働きたくない

目的と手段と過程

毎日寝て暮らしたい

あー何もしたくない、毎日寝て暮らしたい。一年中大体いつもそう思いながら暮らしている。「世の中に寝るほど楽はなかりけり」って言葉が昔からあるけど、ほんと真実だなーと思う。何もせずにゴロゴロ寝てるのって気持ちいいし、お金もかからない。眠りたいときに十分に眠れない生活は、なんか生き物としてちょっと間違ってる気がする。

「生きてるからには仕事をしないともったいない」とか「何もしないのは人生を無駄に過ごしている」とか言う人が世間には多いけど、それは一種の宗教みたいなもので、なんかちょっと違うなー、と思う。仕事をするのも大事なことだけど、仕事をするために人生があるのではなくて、より良く生きるための手段の一つとして仕事というものがあるに過ぎない。たまにその目的と手段を取り違えてしまって、働きすぎて病んだり死んだりする人がいるけど、そっちのほうこそもったいないことだと思う。

僕は小さい頃から毎朝起きて学校に行くということがすごく嫌だった。寝起きが悪いからずっとゆっくりと寝ていたかったし、毎日何時にどこに行って何をしなければいけないという予定が決まっていること自体がかなり苦痛だった。

朝起きたときには全く予定がなくて、あくびをしながら「今日は何をしようか……」とかいうような生活がいい。それで家でゴロゴロ寝ながらネットを見たり本を読んだりして、ちょっと気が向いたり退屈したらふらっとどこかに出かけたりしてもいい。そんな生活がずっと続けば理想的だ。

ずっとそういうのに憧れていたんだけど、昔は「そんなこと言ってちゃいけないんじゃないか」とか自信がなかったりもしたので、なんとなく会社に就職したりもした。でもやっぱり合わなくて、二十八歳のときに「もういいやー」って思って勤めていた会社を辞めて、そうやって毎日ひたすらゴロゴロする生活に入って気がつけばもう八年だ。あのとき会社を辞めて良かったなー、どうせ向いてなかったんだし、もっと早く辞めても良かった、と思う。

今はあまり働いていないのでお金はないけど、ネットを見たり散歩したり洗濯をしたり、図書館で借りてきた本を読んだり、猫と遊んだり庭の植物や虫を観察したりしていると、いつの間にか一日が終わっている感じで、そんなに生活に不満や飽きはない。死ぬまでこんな感じでゆっくり暮らせたら良いなと思う。まあ、先のことはどうなるか分からないけど。

そんな感じで毎日やらないといけないことは少ないんだけど、暇を持て余して困るということは意外となくて、それどころか「暇なはずなんだけど何故か毎日結構やることがあって忙しい……」と思っていることが多い。まあやることと言っても「洗濯をする」とか「猫の世話をする」とか「メールの返事をする」とか「風呂に入る」とか、全部大した用事ではないんだけど。

あまり何もしない毎日を何年も過ごしてみて分かったのは、「自分が感じる忙しさと仕事の量はあんまり比例しない」ということだ。例えば、仕事の量を１００抱えてる人が感じる忙しさを１００としたら、仕事を２００抱えてる人でも感じる忙しさは２００ではなくせいぜい１５０くらいで、仕事を30しか抱えてない人でも感じる忙しさは70くらいだったりする。

つまり、人間は忙しさにも暇さにも適応する。忙しい状況に合わせればわりといくらでも働けるものだし、暇な状況に放り込まれるといくらでも時間をゆっくりと使うようになる。

ほとんどの行動は「暇潰し」

忙しさにも暇さにも慣れて適応できるのなら、「限られた時間にどんどん仕事を詰め込んでたくさん仕事をこなしたほうが良い」という考え方もある。世の中によくあるビジネスマン向けの効率的な仕事術だとか時間術だとかの本にはそんな風に書いてあることが多い。

しかし僕はそういう考え方は「なんか目的と手段を取り違えているんじゃないか」と思ってしまう。

「限られた時間の中にたくさん仕事を詰め込んだほうがいい」という人は、「仕事をこなすこと」が「手段」で、「仕事をこなすことで達成される何か」が「目的」だと考えている。しかし本当は「仕事をこなすこと」自体が「目的」なんじゃないだろうか。

多くの人の本当の行動の目的は、「暇潰し」というか「何もしていないと不安だからなんでもいいから何かをやっておく」くらいのものだ。「仕事をこなすことで達成できる何か」なんてものは、何か行動するときにとりあえず目標がないと何をやっていいか分かりにくいから、前方の遠くに飾っておく単なる目印みたいなものだ。

要は、みんな何もせずにぼーっとしているのが苦手だから、何か意味のありそうなことを見つけてやって時間を潰しているだけ、ということが世の中には多い気がするのだ。よく働く人というのは、一つの仕事をこなしたと思ったらまたどこかから新しい仕事を次々と見つけてきて常に忙しく動き続けてたりするけれど、それはまあやったほうがいいけどやらなくてもそんなに問題が起きるものではない、という程度のものであることも多い。だったら、それをやるかどうかはあくまで個人の趣味の問題だ。

それなら、毎日やることをたくさん詰め込んでも仕方ない、最低限自分が退屈しない程度に適当な用事をぼちぼちこなしていればいい、というスタンスもありだと思って、僕はそんな感じで生きている。ごくたまに「すごくこれをやりたい！」って思うことがあったらやったりもするけど、それ以外のときは適当に暇を潰す程度に何かをやって過ごすという感じで、十分に退屈せずに日常をやっていける。

都市伝説かもしれないんだけど、エレベーターについて好きな話がある。昔のある種類のエレベーターでは、ドアを開閉する「開」ボタンと「閉」ボタンのうち、「閉」ボタンは押しても何も反応しない単なる飾りになっていたらしい。ボタンを押さなくてもしばらく経つと勝手にドアは閉まる。つまり、押しても押さなくてもドアが閉まるまでの時間は変わらないんだけど、「閉」ボタンを押すことで人は「何か操作した」という気分になって、ただ何もせずじっと待つよりもストレスが減る、という仕組みらしい。

結構人間が人生でやってることは、どこにも繋がっていない「閉」ボタンを押しているのと同じような、やってもやらなくてもそんなに変わらないようなことが多い気がする。それが無意味だとか悪いと言いたいわけじゃない。なんでもいいから何かをやって、それで何かやった気になって満足する、ということの繰り返しが人生なんだと思うし、それが楽しくやれていれば問題ないだろう。

体力が余ってるのが全部悪い

あと、「何かやらないと時間がもったいないない！」とか「ぼーっとしてると人生がもったいない！」とか言う人は、結局単に体力が余っているだけなんじゃないかと、小さい頃からずっと体力がないほうの人間だった僕は思う。

以前、五十代くらいの人にこんなことを聞かれたことがある。

「あなたみたいに家でぼーっとしてるので十分幸せだというのは、今の私は理解できるけど、若い頃はそうは思えなかった。もっといろいろやらなきゃ、と焦って動き回っていた。あなたはまだ三十代なのになぜそんな境地に至れたのか」

僕は「単に人より体力がないからだと思います」と答えた。

人は体力が余っているとなんか体がウズウズしてそれを発散したくなって、何かをやらなきゃいけないような気になってしまう。結局なんでもいいから動き回って体力を消耗させて、ちょっと何かをやった気分になればそれで満足するものだ。年をとるとだんだん体力がなくなってくるから、そんなに行動しなくてもすぐに疲れて「もういいや」って気分になる。僕は人より体力がないので、そういうのに気づくのが人より早かったというだけなんだと思う。

漫画家の西原理恵子さんが子育てについて「男の子は、水に漬けて日に当てて寝かすべし」みたいなことを言っていた（『毎日かあさん』など）。小学生くらいの男の子は体力があり余っていて目を離すと何をしでかすか分からないから、プールとかで泳がせて体力を消耗させると扱いやすくなる、という意味だ。

小学生の男の子ほどじゃないけど、人間はみんな多かれ少なかれ体力を余らせていて、それで「もっと何かしなきゃいけない気がする……」とか焦ったり、別にやらなくていいことをして問題をこじれさせたり、無駄に誰かを攻撃して争いを起こしたりするものだ。だったら、なんか適当に「水に漬ける」的な、体力を消耗させてちょっと何かをやったような気にさせてやれば、みんな余計なことをしなくなって、世界はもうちょっと平和になるんじゃないだろうか。

やりたいことだけやればいい

僕の知り合いにはちゃんとした企業で働いてわりと給料をもらっている人も何人かいるけれど、稼いでいる人ほどお金を雑に使っていることが多い気がする。例えば、毎晩のように高い店に飲みに行ったり、そんなに必要もなくパソコンや車を買い替えたり、無駄に都心の広い家に住んだり、株やＦＸにお金をつぎ込んだりとか。

まあそういうのは趣味としては別に悪くないけど、僕だったら仕事を減らして、収入を減らす代わりに時間の余裕を手に入れて、毎日ぼーっとする時間を増やすなあ、と思う。

「休日に何も予定が入っていないと不安になる」とか、「仕事を引退した途端毎日が空虚になった」というような人がときどきいる。「何もしない」というのは人間にとって苦痛でもある。人間が何かをするのは、何もしていないということに耐えられないから何かをしているという場合が結構ある。

もちろん、最低限生きていくために仕事をしなければいけないというのはある。しかし人が何かをするのはそれだけでは説明が付かないことが多い。最低限やらなきゃいけないことをやり終わってやることがなくなると、わざわざ自分でやることを見つけてきてはもっともっと何かしようとしたりする。それは人が無為に耐えられないからだ。

でも本当は、絶対にやらなければいけないことというのはそんなにないのだ。仕事をたくさん抱えてものすごく忙しい人でも、その人が死んだり倒れたりしたら、周りの人間が何事もなかったようにしれっと穴を埋めるだけだったりする。人が何かを頑張るときは大体が周囲の他人のためだけど、意外とその人が何もやらなかったら他の人が代わりに動いたりしてなんとかなってしまうことが多い。もし「他の人が頼りにならなくて自分が頑張るのをやめるとすぐに破綻してしまう状態」なのだとしたら、その状態自体がもう既に破綻しているのだと思う。それは遅かれ早かれ潰れてしまう状態なので、別のやり方を考え始めたほうがいい。

人間が人生で成し遂げられることなんて、頑張っても頑張らなくてもあまり大差ない。何かをちょっと成し遂げたとしても、どうせ五十年先にはほとんど忘れられている。仕事のために人生があるわけじゃなくて、人生の彩りの一つとして仕事があるだけだ。

要は、世の中に本当に絶対にやらなきゃいけないことって別にないから、基本的には好きなこととかやりたいことだけやればいいと思う。嫌なことをずっとやってると体を壊して病気になって早死にするから、しんどいときは逃げればいい。自分が逃げたとしても大体の場合は何事もなかったように世の中は回っていくものだ。

何もしたくないときはひたすら何もしないのがいい。無理して何かをしようとしてはいけない。ひたすら何週間も何カ月もずっと何もしないでいると、そのうち自然に退屈してきて自分から何かをやりたくなってくるものだ。疲れたときや不安なときはゆっくり休むのが大事だ。大抵の悩みごとは休息を十分に取れば半分くらい解決する。

大体のことは気分で決まる

大体、幸せだとか不幸だとかはかなり体調とか気分に左右されるものだ。

すごく成功していて能力もある人が「俺の人生は何もかもだめだ」と絶望していることもあるし、いろんな問題を抱えて大変そうな状況にいる人がわりと平気そうにニコニコしていることもある。

結局、気持ちがしっかりしていれば問題がたくさんあってもなんとかなるような気がするし、気持ちが落ち込んでいるとちょっとしたつまずきで「俺はもうだめだ」って思い込んでしまうというくらいのものなんだろう。だからもうだめだと思ったときは、とりあえずしばらく休んで体調や気分を回復させることが大切だと思う。

できるだけ嫌なことをやらずに生きるための指針としては、体調に敏感になるといいと思う。僕は自分の「だるい」という感覚を重視していて、毎日ツイッターとかで「だるい」ってつぶやいたりしているんだけど、なぜ「だるさ」を重視するかというと、自分にとってあまり良くないことをやっていると大体体調が悪くなるからだ。

「だるい」という感覚は自分の体が自分自身に「お前ちょっとなんか変だぞ」「ちょっと休んだほうがいいぞ」って教えてくれているんだと思っている。

体はものを感じたり考えたりするベースであり、危険を察知するアンテナだ。体調が悪くて体が危険信号を発してるのにそれを精神でねじ伏せて頑張ったりしてはいけない。そういうことをしているとそのうち倒れる。自分が楽にいられる感じで好きなことをやっているのが一番いい。

ただ、「好きなことをやればいい」って言っても、心が弱っていると何が自分の好きなことかが分からなくなったりしちゃうことがある。アルコール依存症の人が酒を飲みたいからといってずっと酒を飲んでいればいいのかというと、それはだめだし。

そんな風に自分ではどうしたらいいかよく分からなくなってしまったときのために、友人というものがいるのだと思う。友人というのは適度な距離感で自分の話を聞いてくれて、自分と少し違う意見を言ってくれる人のことだ。人間は一人でいるとときどき偏ったり狂ったりしてしまうから、友人という自分の意見をチェックしてくれる機構が必要だ（友人が複数いると意見のバランスが取れて良い）。なんか何をしたらいいかよく分かんなくなってしまったときは、自分の体調と友人に相談してみるといいと思う。

大切なのは「結果」よりも「過程」

僕みたいな毎日あまりすることがなくて大体家にいるだけのような人間でもやることがなくて困るということはそんなになくて、「部屋の本棚を整理しなきゃ」とか「一週間前にもらったメールの返事しなきゃ」とか「今日の夜は何を食べよう」とか「もっと質の良い睡眠を得るためにはどうしたらいいだろうか」とか、意外といくらでも「やるべきことリスト」は思いついたりする。

「やること」とか「やらなければいけないこと」なんてのは、ちょっと考え方を変えるだけでいくらでも増えたり減ったりするものだ。「本当にやらなければいけないこと」というのは存在しなくて、ただの幻想に過ぎない。人間は何かをやっていないと気が狂う生き物だから、そういうのがあると思いたいだけだ。

「やること」というのはそれをやること自体が「目的」であって、「手段」ではないのだと思う。そこを取り違えてしまうと、何年間も一生懸命頑張って目的を達成した途端に、次に何をやったらいいか全く分からなくなってしまって虚脱感に包まれるという、「燃え尽き」状態になってしまったりする。本当は「目的」はどうでもよくて、そこに至るまでの「過程」こそが大事だったのだ。

次々と新しいジャンルに挑戦し続ける芸術家だとか、新しいビジネス案を次々に出し続ける起業家だとか、大きな成果を残し続ける人というのは、自分が達成したものに執着しない人が多い。そういう人は最初から、成し遂げる結果のことはあまり考えていなくて、それを成し遂げる過程（＝自分の好きな作業）にひたすら没頭しているだけだ。そして、それを完成させるともうそれで飽きてしまって成し遂げた結果にはあまり興味を持たず、また次の何かを作る作業へと向かうのだ。

少年漫画とかでよくあるベタなパターンだけど、どこかにある大きな宝を探して仲間と冒険を続けて、ようやく目的地にたどり着いたら、そこにはもう宝はなかった、でもその旅で得た仲間たちが一番の財宝だ、みたいなのがある。まあ、結果より過程が大事というのはそういうことで、人生の大体のことはそういうものだ。

自分が成し遂げた結果が積み上がると、その結果が自分を縛って窮屈にして、それまでのように自由に動けなくなってしまったりする。そうすると「最初楽しくてやってたはずなのに自分は一体何をやっていたのかよく分からなくなってしまった」みたいなことになるので、過去の成果はあまり気にせずに綺麗に捨ててしまったり忘れてしまったほうが、その先も充実感を持って過ごせることが多いように思う。

自分の得た物が自分を縛る

物はできるだけ持たないようにしている。持っている物が多ければ多いほど、いろいろと身動きがしづらくなったり思考が狭められたりして、人生の面白さが減るような気がするからだ。

読み終わった本とかしばらく使わなさそうな物とかはすぐに売ったり人にあげたりしてしまう。また必要になれば買ったり借りたりすればなんとかなるものだし。なんでも長く持っていると、それを持っている状況というのに飽きてしまってあまり使わなかったりする。だから物はどんどん入れ替えたほうがいい。持ち物が少ないほうが引っ越しもしやすいし。

ときどき引っ越しをして持ち物や住環境などを全てリセットするのが好きだ。引っ越すときもできるだけ家具が最初から付いている家を選ぶようにしている。冷蔵庫とか洗濯機とかガスコンロだとかそういう大きなかさばる物をわざわざ所有して持ち運びたいとは思わない。物は全て借り物でいい。

抱えている物が少ないほど身軽に自由に動けるというのは、それは具体的な品物でも、抽象的な実績とか記憶とか過去とかでも同じだと思う。

生きていると基本的に物は増えていくし、記憶や知識や周囲からの評判もどんどん増えていく。それは基本的には豊かなことではある。物や知識や知り合いが増えていくと、いろいろできることは増える。

だけど逆の効果もあると思う。物や知識や知り合いが増えていくほど、それが自分の行動を縛って窮屈にすることにもなる。

何か物を持つということはその管理コストを抱えるということでもある。持っている物が増えると収納するための空間的コストだけではなくて、「〇〇が壊れちゃったから修理しないと」「〇〇買ったから置く場所を作らないと」「〇〇を収納する××を買おう」「そうしたらもっと広い家が欲しい」みたいに、物の管理や維持について考える心理的コストが日常の中で増えていく。実際はずっと持ち続けている物ほどあまり使わなかったりするし、自分が直感的にすぐ思い出せる以上の物を持っていてもあまり意味がないと思っている。

また、知識や経験が増えるほど何かをやったときの新鮮味は薄れてしまう。年をとればとるほどそれまでに得た知識や経験のおかげでいろんなことを自信を持って語れるようになるけれど、その分考え方が硬直化して自由な発想がしにくくなるというのもある。

知人が増えるとできることも増えるけれど、それだけいろんな方面への義理が増えて動きづらくもなるし、知人からのいろんな誘いやオファーに応えるだけでたくさんの時間を使ってしまって、自分がそもそも何をやりたかったのかよく分からなくなってしまったりすることもある。

仕事での実績や評価についても同じだ。何か仕事で成功すると、周りからの評価や財産が手に入る。それはいいことだけど、だんだんと成功を積むうちにその実績が自分を縛るようになってくる。周りからは今までの成功と同じようなものを期待されて動きにくくなるし、資金や人手などを自由に使えるようになるのはいいけど、それらの存在のせいで身軽に動きにくくもなる。最初はワクワクしてやっていたことが、いつの間にかパターン化した退屈な作業になっていたりするし、成功した人間ほど過去の成功に縛られて自由な発想がしにくくなったりもする。

そういうことを考えると、何かを得るのはいいけれど、得た物にはこだわらずに次々と手放したり忘れたりしていくのがいいんじゃないかと思う。目標というのは得るまでは楽しいものだけど、完成した途端にそれは腐り始めてだんだんと負担になってくる。人は同じ状態にずっといると飽きてしまうのだ。

だから、何かを得ては壊す、得ては捨てる、というリセットをこまめに繰り返すのが、一番充実感が得られるやり方だと思う。何かを持ち続けることにはあまりメリットがない。本なんかも、本を一番読むのはその本を買ってすぐか手放す直前で、ずっと持っている本はあまり読まないことが多い。こまめに物は（物以外も）手放すほうがいい。

そして、いろんな物を得ては壊す、得ては捨てる、を何十回か何百回か繰り返しているうちに、そのうち寿命が来て人間は死ぬし、得た物はお墓の中には持っていけないから、所有にこだわるのにはあまり意味がない。人生って所詮そういうものなんだと思う。

人生と時間

本当に新しいことは存在しない

人はやることが完全に決められているとそこから逃げたくなるけど、全くやることが決められていないとそれはそれで途方に暮れてしまう。本当に難儀な生き物だと思う。

僕も「一日の予定は決まってないほうがいい」と書いたけど、「今日何をするか考えるのが面倒臭い」と思うこともよくある。そういう日はまあ何もしないで寝てるんだけど。ずっと寝ていると夕方くらいにやりたいことを思いついたりするし、何も思いつかないときはそのままずっと寝ている。そういう感じで毎日の予定を気分で決めていきたい。

「予定が決まっている」と「することが何も決まっていない」の中間を取る策としては、「予定は決めておくけど気分次第でドタキャンする」というのがあって、これが一番楽しい気がする。決まっていた予定をキャンセルして別のことをやるときって、なんであんなに自由でワクワクした気持ちになれるんだろう……。学校や会社をサボって何かをするといつもよりすごく楽しく感じるのもそうだし、千円で何かのイベントのチケットを買って当日まで行くかどうかは決めずにおいて結局そのイベントには行かずに別のことをすると、千円分以上に充実した贅沢《ぜいたく》な気分になれる気がする。

決まっている予定をそのまま守るなんてロボットでもできることだ。だから、人間は予定を覆すために生きてる、とか言ってしまってもいいんじゃないだろうか。ただまあドタキャンは人に迷惑をかけることがあるので、キャンセルしてもあまり他人に迷惑をかけない範囲でやるのが良いけれど。

でも、確かに毎日の行動がある程度決まっているほうが楽だというのはある。内田百閒という昔の作家は、毎日昼食は同じ店の蕎麦《そば》を取って食べる（夏はもり蕎麦で冬はかけ蕎麦）ということを一年中毎日続けていて飽きることがなかったらしい。僕は「今日何を食べるか決めるのが面倒臭い」とよく思うので、そういうのにはちょっと憧れる。考えたところでどうせ大した選択や決断をするわけでもないのなら、毎日が同じ繰り返しでも別にいいのかもしれない。

でも、毎日全く同じ時間に起きて、全く同じ食事を食べて、同じ作業を一日中して同じ時間に帰宅して同じテレビ番組を見て同じ時間に眠るとする。それが寸分違わず何年も繰り返されるとしたら誰でも耐えられないだろう。日々に何か変化とか新しいものがないと人間は耐えられない。

じゃあ一日ごとの生活は少しずつ違うけれど、一週間単位では同じ一週間が繰り返されるとする。月曜日はきつねうどんを食べて、仕事をして、火曜日はエビフライ定食を食べて、仕事をして、水曜日はピザを食べて、仕事をする。来週の月曜はまたきつねうどんを食べて仕事をする。毎週月曜日は永遠にきつねうどんを食べ続ける。それも一カ月くらいですぐに飽きそうだ。

じゃあそのスパンを少しずつ長くしていって、「一カ月単位で同じ毎日が繰り返されるならどうだろう？」「一年単位で繰り返されるならどうか」「十年単位では」などと考えてみる。そしたら五年とか十年単位の繰り返しだったら別にいいような気がする。十年前の今日に何をしていたかなんて覚えてないし、十年前と同じ毎日の繰り返しだったら飽きたりはしない。

僕はネットでTumblrというウェブサービスをよく見ているんだけど、どういうものかというと、いろんなユーザーが集めた面白画像や名言などの断片的な記事がひたすら大量に流れていくというだけのものだ。これを何年も見続けていると「あ、この画像は一年前にも見たな」「三、四年前にも見た気がする」「これ毎年一回は流れてくるな」みたいなことがよくあるんだけど、同じコンテンツが繰り返されることでマンネリさを感じるかというとそうでもなくて、一回見たものでも久しぶりに見るとまたちょっと新鮮な気分で楽しめるし、「あー、これやっぱ好きだなあ」みたいな懐かしい気分になったりもする。

要は、毎日カレーだと飽きるけど月に一回カレーだと飽きないというようなものだ。飽きるか飽きないか、新鮮さを感じるかそうでないかは単に頻度の問題だ。十年前に読んだ本を読み返すと完全に内容を忘れていて面白く読めたりするけど、もっと忘れるのが早かったら同じ本を毎月繰り返して読んでも飽きなくて便利かもしれない。

人間は毎日生きていく上で、何か新鮮味だとか目新しさだとか面白さを感じる物事がないとつらい。死ぬまでの完璧なスケジュール表をもらって、「今からあなたはこの表に書かれた通りに生きてください」って言われたらうんざりしてしまうだろう。

でも本当は、毎日自分でいろんなことを決めて意味のあることをやっているつもりでいても、実際は毎日特に新しいことは起こっていなくて、あらかじめ決まっていることだったり単なる過去の繰り返しだったりする。自分が決まっているのを知らないだけだったり繰り返しであることを忘れていたりするだけだ。

目新しさを求めてしまうという傾向は、若いか年をとっているかによっても変わってくる。

例えば猫なんかでも、子猫のうちはやたらと好奇心が旺盛で、動く物を見たらとにかく飛びついたり、入ったことのない場所にとにかく潜り込もうとしたりするけれど、年をとってくると目の前で猫じゃらしをひらひらさせても興味なさそうにあくびをして、ただ毎日日当たりのいいところで丸くなっているだけの生き物になってしまう。

人間だって同じで、若いうちは刺激を求めていろんなところに飛び出していくけれど、年をとるにつれて新しいことに手を出すのが億劫になり、落ち着いた平穏な毎日が繰り返されるのが楽だと感じ始める。

若いほうが幸せなのか年とってからのほうが幸せなのかはよく分からない。年をとると体力がなくなるせいか刺激や変化の少ない日常でも物足りなさを感じなくなるのなら、そっちのほうが楽なのかもしれない。年をとるとどんどんいろんなことを忘れていくし、新しい刺激もあまり求めなくなるし、そうすると人生で満足感を覚えるハードルが下がるから、それはそんなに悪くないことなのかも。人間が求める目新しさなんて、本当に新しいかどうかは重要ではなくて本人がちょっと気分が変わったと感じられればそれで十分なんだし。

人生はあらかじめ決まっているかも

そもそも毎日自分で判断して何かを決めて行動している、ということも嘘かもしれない。ある状況で自分が何を選ぶかなんて、いろんな前提条件を考えたら事前に予想できることなんじゃないだろうか。本当に自分で決めたと思ってることも実は誰かの影響とかメディアの影響とかで決めさせられているだけじゃないだろうか。

ちょっと今の日本は貧乏な人とか人生を失敗した人とかに「自分がしっかりしないからだ」「自己責任だ」って言いすぎな気がする。その人だってそうなりたくてそうなったわけではなくて、生まれ落ちた環境や今まで生きてきた状況によってそれ以外の選択肢がなかった、という場合は多いはずだ。

だからといってまあ、個人の責任が全くないとも思わないし、「全部社会が悪い、僕は悪くない」とか堂々と言ってしまうのも無責任すぎてあまり良くないと思うので、「自己責任は五十%くらいだろう」とか「自分ではどうにもならないことは人生にはたくさんあるよなあ」というくらいなスタンスで、みんながもう少しだけ自分や他人に寛容になったほうが生きやすい社会になるんじゃないかと思っている。

理屈っぽい話をすると、「人間がやることは全部あらかじめ決まっているのではないか？」ということを考える人は昔からいて、歴史を遡ってみるとそのことについてずっといろんな議論がなされてきた（興味のある人はウィキペディアで「自由意志」とか「決定論」とかの項目を見てみると暇潰しに良いです）。

もしどこかにすごく頭のいい悪魔がいて、この宇宙の全ての原子の場所と動きが分かっていたとしたら、その次の瞬間の原子の状態も予測できる。次の瞬間が予測できれば、次の次の瞬間も次の次の次の瞬間も予測できる。そうするとその悪魔はこの宇宙で未来に何が起こるかを全て知ることができるだろう。

これが、十九世紀にラプラスという数学者が考えた「ラプラスの悪魔」という概念だ。もちろんこの悪魔というのは実際には存在しない。実際に全ての原子の場所と動きを知ろうとすると、計算量が多すぎてどんなすごいコンピューターを作っても計算不能だ。だけど、計算量が多すぎて知ることができないというだけで、原理的には宇宙が始まった瞬間に宇宙の全てが決定済みだということだ。

このラプラスの悪魔という概念は、その後量子力学の登場によって否定された。量子力学では、電子だとか素粒子だとかそういうミクロのレベルでは、粒子は確率的にしか存在しない（あるかないかが1か0かでは決められなくて、「2分の1ある」みたいな感じでしか存在しない）ことが明らかにされたのだ。どうもよく分かんない話だけどそういうものらしい。あるかないかがはっきり分からないとなるとラプラスの悪魔でも今の状態の次にどんな状態が来るのかが予測できないから、未来はやっぱり予測不可能だということになった。

でも量子力学が言うような確率的な話ってあくまでものすごいミクロのレベルでしか起きないことだし、人間が自然に認識できる物事の範囲ではおそらくはあまり関係ない。そして「人間に自由意志はあるのか？」「全ての未来は決定されているのか？」という問題については、現在でもまだよく分かっていない（多分）。

ただ、世界の真実はどうなのかはよく分からないけど、「人間に自由意志はあるのか？」「全ての未来は決定されているのか？」というトピックが昔から激しく議論されてきたという事実から分かることが一つだけある。

それは、「人間は自分に自由意志がないということに耐えられない」ということだ。人間はあらかじめ全てが決まっているとは思いたくない。理屈で考えると全ては決定済みであったとしても、感情がそれに反発する。人間は「自分の行動は自分で考えて自分で決定している」「自分は何かをしている」と思っていたい。それがたとえ錯覚だとしても。そうじゃなかったら人間は生きることに意味を感じられないのだ。

自分が世界を変化させているという実感

人間は毎日何もしないでいても飽きるし、毎日やることが全て決められていてもつらくなる。

何もしないのでもなく全てが決められているのでもなく、ある程度未知で新鮮さを感じる状況の中で、自分で考えて判断して選択して行動していきたい。そして何か自分を取り囲んでいる世界に影響や変化を与えて、自分が世界に影響を与えられるという実感を得たい。

その自分の周りの世界というのは人によってそれぞれ違う。例えば「家族のために働く」とか「子どもを育てる」とか「ビジネスを成功させる」などの一般的に社会で有意義だとされていることは、自分の周りの他人や社会に影響を与えたり貢献したりしようとしているものだ。

確かにそうしたことは世界を変化させている実感が持ちやすい。でも、もっと個人的な「家の片付けをする」とか「庭で植物を育てる」とかいった日常的なことも、自分の周りの世界をいじっているのには変わりない。社会に出て働くのと自分の家の中をいじることの違いは、影響を与える規模や関係者の人数が違うというだけだ。別にどちらが偉いというわけではなく、その人が満足感を得られるならどちらでも構わない。

ゲームの中で「悪いドラゴンを退治する」とか「市長になって街を発展させる」なんていうのも同じだ。自分が影響を及ぼす世界がゲームやネットの中のバーチャルなものでも、リアルでの家族だとか地域だとか社会だとかでも、やっていることは本質的には変わらない。自分で考えて行動して自分の周りの世界に対して変化や影響を与えていくとき、人は充実感を覚える。それだけのことに過ぎない。

よく小さい子どもがおもちゃ箱の中にどこかで拾ってきたガラクタをたくさん溜め込んでいたりする。大人から見たらそれはゴミばっかりにしか見えないけれど、彼にとってはとても価値のあるもので、おもちゃ箱の中は彼が自分の好きなように操作できる大事な世界だ。

ゴミ屋敷にゴミを溜め込み続ける老人だって同じだ。他の人間にはゴミを溜め込むという行為は全く理解できないけれど、彼の中ではそれは意味があることで、家の敷地の中は彼が自由にコントロールできる大切な王国なのだ。

そんな風に人間は（それがまやかしであっても）自分が自分の判断で自由に操作できる小さな世界を必要としているし、その中で自分で考えて何か変化を作っていくことに楽しさを感じる。結局人間のやっていることなんてそれだけのことだ。社会に出て一生懸命働くのも、庭で植木をいじるのも、ゲームの中で主人公のレベルを上げるのも、ゴミ屋敷にゴミを溜め込むのも、本質的には変わらない。

要するに何が言いたいかというと、人はそれぞれ生きている世界や大切にしているものが違うけれど、どの生き方が偉いとか正しいというものはない。小さい頃はおもちゃ箱の中で遊ぶだけで満足していたけれど、大人になると社会に出て何かしたいと思い、また老人になると庭をいじっているだけで楽しくなったりする。要はその人が「自分が世界を作っている」「自分は何かをしている」と充実感を感じられたらそれでいい。だから、違う世界に住んでいる他人の言うことは気にしなくていいし、自分が自分の世界の中で充実感を得られるにはどうしたらいいかだけを考えよう。

無理して社会的なことをしようとする必要はなくて、家とか部屋とか仲間うちといった自分のささやかな小さな世界を持つことで満足できたら、それで別に構わない。社会で何かを成し遂げようとすると結構難易度が高かったりかかるコストも大きかったりするけど、身の回りの小さな世界だったら簡単にローコストで手に入るし。

カズオ・イシグロの『わたしを離さないで』(ハヤカワepi文庫)という小説には、若いうちに死ぬことが決められている少年少女がたくさん出てくる。彼や彼女らはすぐに死んでしまうにもかかわらず、学校に通って、バザーでちょっとした小物を買っては大事に箱の中に保管したり、恋愛をしたり、小さな旅行をしたり、将来に夢を持ったりするのだ。

「どうせすぐ死んでしまうのにそんなことをしても仕方ない……」と思ったりもするけれど、よく考えてみるとどうせ死んでしまうのは僕たちもみんな同じだ。ただそれがちょっと長いかちょっと短いかだけに過ぎない。人間はみんな限られた時間と小さな空間の中で、他の人から見たら取るに足りないつまらないものを大事にしながら生きていくしかないのだ。

社会と自分の関係

社会は人間に必要だが社会は人間を縛る

でも、社会に出て仕事を頑張るのもゴミ屋敷にゴミを溜め込むのも本質的に同じだとしたら、みんなゴミ屋敷を作っていればいいのかというと、やっぱりそうではない。多分ゴミ屋敷の老人はあまり幸せではないからだ。何故幸せじゃないかというと、家に大量のゴミを溜め込むという行為は周りの人間にほとんど理解されないからだ。

人間は自分一人だけでは自分の行動に意味を与えるのが難しい。ある程度「人に認めてもらう」ということがないと、自分がやっていることを「むなしい……」とか「寂しい……」と感じてしまう。

家に鉄道模型をひたすら集めている人がいたとして、彼の家族は鉄道模型に全く興味がなくて、「わけの分からないガラクタが家にいっぱいあって邪魔だ」「つまらないものにお金をつぎ込んで馬鹿みたい」と思っていたら彼は不幸だ。だけど同じ鉄道模型を趣味にする人たちの間では彼のコレクションは評価されて尊敬されたりするだろう。だから、幸せに生きるためには自分とある程度同じ価値観や同じ世界を共有する友人や仲間を持つことが大事だ。

人間は、自分のやっていることを他人に認めてもらえるとむなしさから遠ざかりやすい。仕事というのは他人のためとか社会のために何か貢献をすることだから、働いていれば周りの人に必要とされることが多くて、だから働くというのはむなしさから逃れる手段として昔から一番よく選ばれる効率的な手段だ。

でも、じゃあ周りの人や社会の求める通りにひたすら働いていれば幸せなのかというと、そう簡単でもない。そうやってせっせと毎日働き続けていると、ふと「あれ、仕事ばっかりでそもそも自分が何をしたかったかがよく分からない……」とむなしさに襲われるのが人間だからだ。

また、周りが求めるものと自分のやりたいことやできることが一致していればいいけど、いつもそうなるわけではない。個人の欲求と周りの求めるものはしばしば食い違う。人間の悩みの九十%は社会や世間と自分との食い違いによるものだ。

人が複数集まるとそこには社会というものが発生する。よく考えたら社会というのは目にも見えないしどこにあるのか分からないんだけれど、その実体のない社会という謎の概念が人間に生き甲斐や充実感を与えてくれたりもするし、ときには人間を縛ったり苦しめたりプレッシャーをかけたり、死に追い込んでしまったりすることさえある。

社会や世間とちょうどいい距離感を持って付き合うのは結構難しい。社会との繋がりが全くなくて自分の観念の中だけで生きるとゴミ屋敷の老人のように孤独になってしまうけれど、自分を殺して完全に社会に同調してしまうとむなしさを感じてしまったり、社会に苦しめられても逃げられなくなったりしてしまう。うまく社会と自分のバランスを取るにはどうしたらいいのだろうか。

「社会⇔自分」「肯定⇔否定」の四パターン

社会と自分のバランスをどう取っていくかについて、僕は次頁のような図で整理して考えている（ちなみにこの図は見田宗介『宮沢賢治』（岩波現代文庫）という本に出てきた図を自分なりにアレンジしたものです）。

社会も自分も素直に肯定できる、右下の（1）の状態が理想ではある。簡単に言うと「仕事もうまくいってるし自分自身も充実してる」という状況のことだ。

ここで言う「仕事」というのはお金を稼ぐ行為のことだけを指すのではなく、もうちょっと広い意味で、「集団の中でなんらかの役割を果たすこと」とする。会社で働くこともそうだし、家庭で家事をやったり子育てしたりすることもそうだし、家族や親族や地域などのコミュニティの中で自分の義務をこなすこともそうだ。

ずっと（1）の状態にいられれば問題ないんだけど、しかし人間はしばしば左下の（2）の状態、つまり「社会は肯定するが自分は肯定できない」という状態に入ってしまう。

（2）の状態がどういうことかというと、例えば「与えられた仕事をうまくこなせなくて自分に自信が持てない」とか「家族や親戚に背負わされた義務に潰されそうだ」とか「やらなきゃいけないことはたくさんあるけど全然興味が持てなくて憂鬱だ」とかというような状態だ。与えられたタスクをうまくこなせないけれど、そのタスク自体を放り投げるこ

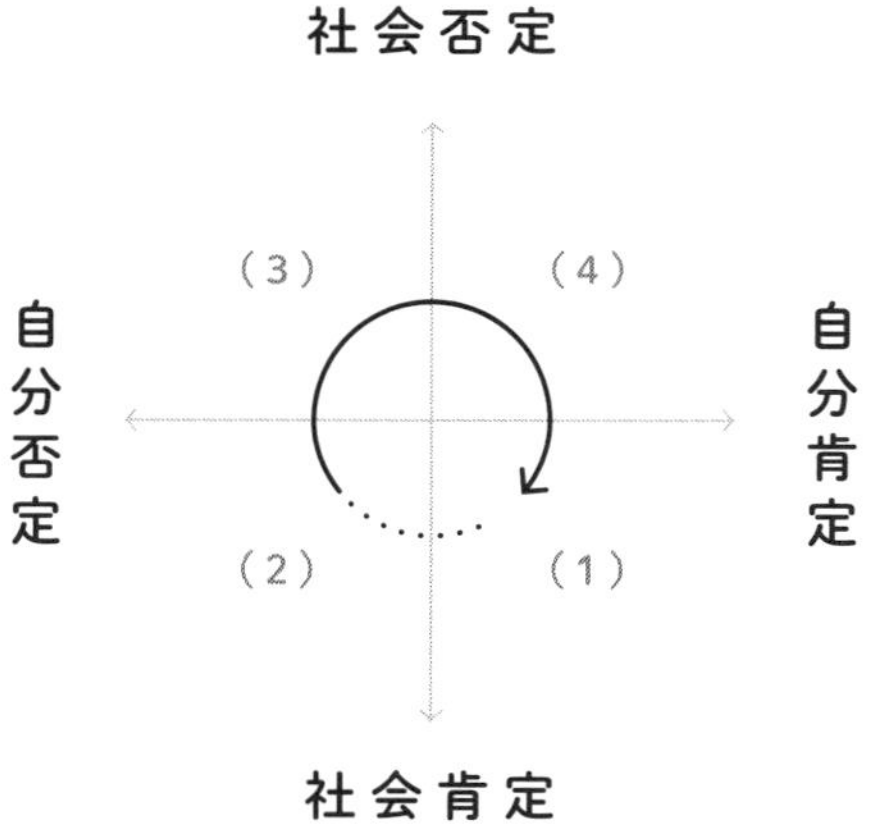

ともできなくて、うまくできない自分自身を否定してしまうという感じだ。

このとき（2）から（1）に戻ることができればいいんだけど、なかなかそれがうまくいかないことも多い。（2）で自分を苦しめているのは社会によるプレッシャーなわけで、社会での活動が行き詰まると、自分自身と社会とを両方とも肯定することが難しくなってしまう。

そういうときに（1）に戻るには、（3）と（4）のフェーズを経るのが良い。

（3）では社会も自分も否定という状況になっている。これは「仕事なんて知るか、もうどうでもいい」とか「もう何もかもだめだ、あとのことは知らん」って感じでヤケになって、仕事を全部ほったらかして、後先考えずに酒を飲んだくれたり、携帯の電源を切って家にひきこもったり、突然失踪してしまったり、仕事を辞めてしまったりする状況だ。

（3）の状態はあまり良くないようだけど、それでもそういう行動が必要な時期というのがある。それは（2）で自分を苦しめていた状況から自分がある程度距離を取るために必要な手順なのだ。

「小さな死」をときどき死ぬこと

（3）の時期は「一時的な死」「小さな死」のようなものだ。ここで重要なことはただ一つ、（3）の時期に自暴自棄になって無茶なことをしたとしても、そこで本当に物理的に死んでしまわないことだ。擬似的な「小さな死」をときどき死ぬことでガス抜きをして、本当に死んでしまうことをできるだけ避ける。死なない程度にうまく（3）の時期をやり過ごして、（4）に移行できるようにすることが大事だ。

（3）の出口が見えないどん底の時期をしばらく続けていると、そのうち少しずつだけど、気分が楽になってちょっとやっていけそうな気分になってきたりする。それが（4）だ。

（4）では社会とは関わらないままだけど、少しずつ個人的な小さな楽しみなどを見出している。それは例えば、「毎晩飲んだくれてやさぐれてたら周りにいる友人や家族の優しさに気づいた」とか「何も考えたくなくて失踪のような旅に出たら旅先で自然の美しさや世界の広さに気づいた」とか「外との連絡を絶って部屋から一歩も出ずに毎日ひたすらゲームをしているとすごく楽しくて少し楽になった」とかそんな感じだ。

そして（4）の状態がしばらく続いて、一人でずっと個人的なことばかりやっていると、それだけではちょっと物足りなくなってきて、寂しさとかが生まれてきて、再び自然と他人との繋がりや社会との関わりを求めるようになってくる。「楽しかったけどやっぱずっとこんなことやってるわけにもいかないよな」って感じで、また何か行動することで他人や社会と関わろうとして、そうしてまた自然と（1）へと戻ってくるのだ。

改めてまとめておくと次のような流れだ。

（1）仕事も自分もいい感じ　（社会肯定・自分肯定）
（2）やらなきゃいけない仕事はあるけど、つらい　（社会肯定・自分否定）
（3）自分はもうだめだ、仕事も何もかもどうでもいい　（社会否定・自分否定）
（4）ひたすら自分の好きなことをしてるだけで楽しい　（社会否定・自分肯定）
↓そしてまた（1）に戻る

軽い不調で（2）に入っただけならすぐに（1）に戻ってくることもできるかもしれないが、深みにはまって（2）から抜け出せなくなったときは、一旦（3）（4）を経ることが必要だ。

あまり良くないのは、調子の悪いときに早く社会に復帰しようと焦る、つまり直接（2）から（1）へと強引に戻ろうとすることだ。焦らなくても自然と（1）（2）（3）（4）と心は変化して、そのうち何かやる気は湧いてくる。人間はずっと全く何もしない状態にいるのは耐えられないからだ。ほっておいても自然に変化するサイクルを無理に速めるのはあまり良くないことだ。

調子が悪くて動けないときは無理して動くのではなく、まだ休養が足りないのだと思おう。まあ実際にはいろいろな事情でなかなかゆっくり休んでられないときも多いから、そういう場合は仕方がないのだけど、もし状況が許すならば休めるときはできるだけ自然に復帰したくなるまで何もしないで休むべきだ。

（2）の苦しみの時期が長いほど、（3）のどん底の時期も深く長くなる。だから、（2）に少しでも入ったと思ったらすぐに逃げ出して（3）を一瞬で終わらせて、できるだけ早く（4）に行くのが全体の起伏を少なくするコツかもしれない。簡単に言うと「こまめにガス抜きをする」ということだ。

社会と自分がうまく調和している（1）の状態にずっといられればそれに越したことはない。でも、なかなかそうはうまくいかず、ときどき（2）の状態になってしまうのは避けられない。

それは何故かというと、「社会は自分だけの思惑で動いているのではない」からだったり「自分が社会の中で積み上げたものが自分を縛る」からだったり「人間はずっと同じことをやっていると飽きる」からだったりする。

だから、（1）（2）（3）（4）のサイクルを巡ることで、ときどき自分の周りの社会と自分との関係を更新してやることが必要なのだ。サイクルを一周してまた戻ってきた（1）の状態は、最初にいた（1）とは少しだけ違って少しだけ目新しいものになっているはずだ。何かをしたり何もしなかったりを繰り返して、社会と自分との関係の更新をときどき行って、少しずつ自分のいる場所をずらしていく、その繰り返しが人生というものなんだろう、と思う。

行き詰まらないようにするためのコツとしては、ときどき旅をするのが良いと思う。旅というのは日常の軽いリセットだ。旅行で遠く離れた土地に行くと、自分が普段過ごしている日常の世界を客観的に見直して考えるということがしやすい。

人間の精神は結構周りの物理的な空間に影響されるから、移動して空間を変えることは大事だ。何もしないでぼーっとする、というのは自分の家だとあんまり落ち着かなくてやりにくいものなので、遠く離れた土地で海や夕陽を見ながらぼーっとしたり、温泉に入ってぼーっとしたりするのが良いんじゃないかと思う。

第二章　家族を作らない

何によって幸せを感じるか

「子を作る」という生きがい

僕はあまりそういう願望はないんだけど、「人生で何をすべきか?」「自分はなんのために生まれてきたのか?」「何をやれば生きがいを感じられるか?」みたいなことを考えたとき、「子どもを作る」「子どもを育てる」というのは有力な回答の一つだ。

確かに子どもを作るってすごいことだ。大体「人間が二人くっつくと人間が増える」というのがSFっぽくてすごいしロマンがある。子どもという自分のそばで生きていてくれる家族を作れば寂しさも解消されるし、世間の評価としても子育てをしてると「ちゃんとしてる」と認められやすい。

あと、人間は大体百年も生きずに死んでしまうけれど、自分が死んだあとも子孫が広がって続いていくと思うとなんかむなしくないような気がする。全ての人間はそもそも子どもとして親から生まれてきたわけで、その自分がまた子どもを作って次の世代に繋がっていくということを想像すると、何か大きな流れに参加しているような一体感を持てるかもしれない。

というように子どもを作るというのはいろんな強力な効果を持っているものだけど、でもまあそれをそんなに絶対視しすぎるのも息苦しくなって良くないと思う。「絶対に子どもを作らなきゃ」って焦ったり、「子どもを作れない自分はだめだ」ということで苦悩するのはしんどい。

僕が考える人間の面白さは、生の多様性というか、「ものすごくいろんな生き方に開かれているところ」だ。だから、「子どもを作る」というのも結局一つの選択肢に過ぎないと思っている。別に子どもは作ってもいいし作らなくてもいい。僕やあなたが子どもを作らなくても人類は存続していくし、作りたいと思う人だけ作ればいいのだ。

人間は遺伝子の運び屋じゃなくなった

もともと生き物にはみんな「子孫を残そう」という本能がある。もっと正確に言うと「子孫を残す」という行動パターンを持っている生物だけが現在生き残っている。それは当然の話で、繁殖しようとしない生物はすぐに滅びてしまって存在しなくなるからだ。今までこの世界には無数の多種多様な生物が出現したけれど、数万年や数億年という時間を経ると、生存と繁殖に最適化された行動パターンを持った生物だけが残っていくようになっている。この仕組みを自然淘汰と言う。

人間だって、サルみたいな状態から少しずつ進化して数百万年の自然淘汰を生き抜いてきた動物だから、人間の脳には繁殖を有利にするような行動パターンが遺伝子によって刻み込まれている。例えば性欲や、子どもをかわいいとか育てたいとか思う気持ちなどがそうだ。

だけど人間は、遺伝子に組み込まれたプログラムに従うだけの他の動物に比べてそれほど行動パターンがきっちりと定められていなくて、人生の中でそれぞれがいろいろな変なことをする。それは人間は大脳が過剰に発達したせいで、抽象的なことを考えたり複雑なことを想像したりすることができるようになったからだ。人間の中にも太古から遺伝的に伝えられた感情や行動パターンは残っているけれど、人間の行動は遺伝子に全てが決められるのではなくて後天的に受け取る文化などによって形作られる部分がかなり大きい。そうして人間は単にメシを食って繁殖するだけの生き物であることから抜け出して、言語や文化や思想などを作り上げて、他の動物にはできないような複雑な生を生きるようになった。

『寄生獣』という漫画では、人間に寄生する寄生生物のミギーが人間に対してこんなことを言う。

「心に余裕《ヒマ》がある生物　なんとすばらしい!!」

なぜ人間は他の動物と違って、自分の生活と何の関わりもない犬が車に轢《ひ》かれて死んだら悲しいと思うのだろうか？ それは人間の脳が発達したことで、遺伝子にプログラムされた行動をするだけの生き物ではなくなって、いろいろと余計なことを考えることができるようになったからだ。余計なことを考えられる心の余裕、それが人間の一番素敵なところだと思う。

『寄生獣』の中で寄生生物が人間に擬態して大学の授業を受けるシーンがあるんだけど、そこで講義されているのがリチャード・ドーキンスという生物学者が提唱した「利己的な遺伝子（selfish gene）」という概念だ。

それはどういうものかというと、先に書いたように、繁殖しようとする本能を持つ生物だけが次の世代に生き残ることができる。そして、繁殖というのは自分の遺伝子をコピーして増やすことなので、それを生物という視点ではなく遺伝子という視点から見ると「自分をコピーして増やす機能が優秀な遺伝子だけが生き残っていく」という風に言える。

遺伝子から見れば、生物というのは遺伝子をコピーして増やすための乗り物に過ぎない。自分を運んでいる生物がどんな生き方をするか、楽しく生きられるかどうかは遺伝子にとってはどうでもいいことだ。だからカマキリみたいに、遺伝子を次の代に残すための交尾をすればその後はもう生きている必要はないというので、交尾後にメスがオスを食べてしまう生き物もいる。人間から見るとそれはちょっとかわいそうと思うけど、遺伝子的にはそれでうまく次の代に伝達されるのだから問題ない。生物がどんな風に生きようがそれは遺伝子には関係なく、より多く複製されるのに有利な行動パターンを持った遺伝子だけが後の世代に残っていく。こんな風に「遺伝子は自分自身を増やすためにひたすら利己的に振舞っているように見える」というので、「利己的な遺伝子」という名前が付けられた。

だけど人間は、脳が発達していろんなことを考えられるようになったおかげで単なる遺伝子の運び屋ではなくなって、繁殖以外にもその生の中でいろんなことをすることができるようになった。遺伝子の運び屋としてだけの存在だったら、子どもを作って一人前になるまで育てたら親はすぐに死んでもいいんだけど、人間はそうではなくて、もう繁殖できないし働くこともできない老人になっても生きていてもいい。これは生物としてすごく自由なことだと思う。

人はミームを残す

同じくドーキンスさんが提唱した概念にミーム（meme）というものがある。これは遺伝子（gene）から連想して作られたもので、「文化についての遺伝子」と言えるような情報のことだ。

どういうものかというと、例えば誰かが喋った言葉や口ずさんだメロディや思いついたアイデアを、誰かが聞いて影響を受けたり真似をしたりして、言葉やメロディやアイデアなどの概念が人から人へと伝わっていく。このとき伝わっていくものがミームだ。この場合、他人に対して影響力の大きいミームほど繁殖力が強く、どんどん人から人へと広がっていく。そんな風に文化的な概念が人間の間で広がりながら、複製・拡散・突然変異していく様子を、遺伝子が複製・拡散・突然変異するのと同じように考えることができる、というのがミームというアイデアだ。

人間が喋ったもの、書いたもの、働いて作り出した成果物、全ての表現活動や生産活動、そうした他人に影響を与えるものは全てミームだ。この世界の人間たちの間では常に無数のミームがやりとりされ、複製されて拡散し、混ざり合って突然変異を起こし、その中から淘汰されたものが残っていき、さまざまな文化や風習や芸術を作り上げている。

要は、人間の場合は何かを伝えたいとか残したいと思ったら子どもを作って遺伝子を残すだけではなくミームを伝えるという方向性もあるということだ。それは遺伝子を拡散するのと負けず劣らず面白いことだと思うし、遺伝子を残すしかやることがない他の生き物よりもその生でできることの幅が広いということでもある。だから遺伝子を残すことだけにこだわる必要はない。遺伝子の乗り物であることから解放されて自由に人生の目的を設定することができるようになった、というのが人間という生き物の面白いところなのだ。

家族関係でも、血の繋がりがない養子の場合は親子間で伝えられるのは遺伝子ではなくミームになる。僕は遺伝子を残したいという気持ちはあんまりないんだけど、こんな風に文章を書いているのはミームを拡散していることになると言えるし、僕にとっては書くことで何かを残したい願望をある程度解決しているのかもしれない。

宇宙から見ればどうでもいい

でもさらに一歩進んで考えると、ミームを残すことにもそんなに意味がないような気がする。

遺伝子にしろミームにしろ、生きているうちに人間が残したほとんどのものは百年もしたら大体どうでもよくなる。子孫が残っていても百年前の御先祖様のことなんてわりとどうでもいいだろうし、生きてるうちに成し遂げた仕事も百年経てばほとんどのものがなくなっている。百年どころか五十年でもかなり怪しいものだし、千年も経てば全て平等に何も残っていない。

「宇宙から見ればどうでもいい」という言葉を僕はよく思い出すようにしている。

宇宙の持つ数百億年という膨大な時間と数百億光年という膨大な空間の中では、自分という人間が何をやってどう生きようがケシ粒みたいなどうでもいいことだ。全てはほんの一瞬の些細なことに過ぎない。

そう考えると「全てがむなしい……」という気分になるかもしれないけれど、逆に僕は元気が出てくる。悩みごとがあるときは、宇宙のことを考えると「自分が悩んでることなんて大したことないや」って思えるし、あと、「全てが意味がないどうでもいいことなんだったら、常識とか他人の思惑とか気にせずに、自分が面白いと感じることをやればいいじゃん」って前向きに考えることができる。

全てに意味がないということは、全てに意味があるのと同じことだ。意味のない全ての中から自分の好きなものに意味を持たせればいい。世界の全てはそういう主観でしかない。

ただ、全く根拠のないものを意味があると思い込むのはなかなか凡人には難しいので、使えそうな根拠はなんでもいいから使えばいい。それは遺伝子にプログラムされた本能的な衝動でもいいし、古くから伝わって社会的に大事にされている伝統的な習慣でもいい。感覚や感情を頼りにしてもいいし、歴史や学問や小説などの知識をベースにして生きてもいい。周りの誰かが言っていることを参考にしてもいいし、非論理的な直感や偶然の巡り合わせを信じ込んでもいい。

例えば、性的衝動や性的快感という仕組みはそもそも繁殖するのに有利になるように遺伝子が生物に組み込んだプログラムだけれど、人間はそんな遺伝子の思惑とは無関係に、繁殖とは関係ない喜びや楽しみをセックスから引き出すことができる。それはとても豊かなことだ。

「幸せ」とか「意味」を感じられる手がかりになりそうなものはなんでもいいから利用して自分がうまく生きられる世界を作り上げればいい。そういうことができるのが単なる遺伝子の乗り物ではない人間の一番面白いところだ。そして、たくさんある「生きる意味の根拠」からそれぞれの人間が何を選ぶかが違うということが、この世界に多様性をもたらして、世界を複雑で面白くしているのだと思う。

グレッグ・イーガンというSF作家の「しあわせの理由」という短編小説があって（『しあわせの理由』〈ハヤカワ文庫〉に収録）、その小説には脳腫瘍の治療の副作用によって幸せを感じることが全くできなくなった少年が出てくる。彼は脳の回路の再建治療を受けることによって幸せを感じる力を取り戻すのだけど、そのときに四千人の脳のパターンを元に脳の回路を再建したため、四千人の四千パターンの幸せを感じる回路を全て手に入れることになった。それでどうなったかというと、彼はどんな種類の人間を見ても全員が魅力的に見えるし、どんな種類の音楽を聴いても全部が素晴らしく聴こえるようになったのだ。それは一見すごく幸せに溢れているようにも思えるけど、彼は「自分自身が本当は何を好きだったのかが分からない」「自分が一体どういう人間なのかが分からない」ということで絶望してしまう。

それぞれの人によって何によって幸せを感じるかが偏っているから、それがその人の個性にもなるし生きる意味にも繋がるんだろう。そして有限な人生の中で、多種多様な「生きる意味の根拠」の中から自分が何によって幸せを得られるかをきちんと探すことが生きるということなのだと思う。

家族という概念

家族は血縁関係のあるシェアハウスに過ぎない

現在僕は友達を集めて東京で五人でシェアハウスで暮らしている。普通の一軒家で、それぞれの部屋を一人か二人ずつで使って、居間・キッチン・バス・トイレはみんなの共同スペースという形だ。

僕は今三十六歳で、それくらいの年になると「シェアハウスとかじゃなく結婚して家族を作りたいとは思わないんですか」とか聞かれることもよくあるけど、あまり興味がない。別に全く結婚とか家族とかを否定するわけじゃなくて、流れ次第ではありかもしれないとも思う。でも、結局「家族」というのも血縁関係や性的関係を含むシェアハウスの一種に過ぎないと思っているから、家族かシェアハウスかどちらかを選ぶというものじゃないと考えている。そのとき誰と仲がいいかとか誰と一緒に活動をしているかとか、そのときどこに住みたいと思っているか、という状況次第で一緒に住む相手を決めるというだけの話だ。

そもそも僕は小さい頃から家族というものがあまりピンと来なかった。虐待とかされるようなひどい家で育ったわけじゃないけど、家族とはあんまり気が合わなかったし、なんとなく「家」という空間は閉塞感があってあまり好きじゃなくて、自分一人で自由に暮らしたいな、という気持ちが小さい頃からずっとあった。

それで僕は十八歳のときに家を出て学生寮に入った。家を出るのは最初は不安もあったけど、実際出てみるとやっぱりすごく解放感があって、なんか初めて自由に息ができたような気がした。年が近い仲間と共同生活をするというのが楽しいということを覚えたのも寮だった。まあ、ひたすらダラダラと麻雀を打ったりゲームをしたりしてただけなんだけど。家族っていうのは密で親密な関係だけどその分息苦しいところもあるし、それよりも寮のようなオープンでゆるくたくさんの人が集まっている空間のほうが自分に合っていたんだと思う。

あと、僕が入った寮は自治寮といって「寮のことは寮生が自分たちで決める」というルールの寮だったので、自分たちが生活する場所の運営方法について話し合って決めるという経験をたくさんした（誰を入寮させるかとか、事務室の当番や食器洗いの当番をどう回していくかとか）。自治寮の生活は「誰かから与えられたものをお客様として受け取るだけじゃなく、自分たちの居場所を自分たちで話し合いながら作っていく」ということについて学べる良い体験だったと思っている。

寮を出てからは一人暮らしをしたこともあった。一人暮らしの生活は、たまに女の子と仲良くなったときに自由に部屋に連れて来られるのとかは良かったけれど、僕はそんなに男女付き合いが得意なほうでもないからそういうのに縁がない期間のほうが長くて、そうしたら一人で暮らしててもあんまりメリットがないな、と思った。

一人暮らしだと家に帰っても真っ暗だし、寮生活のように突然何か面白いイベントが起こるようなこともなくて、つまらなかった。イベントって言っても大したものじゃなくて「誰かが大量にカレーを作った」とか「友達を連れて来た」とか「面白い漫画を買って来た」とかその程度のものなんだけど。なので、また寮に入ってた頃のように適当な仲間を集めて暮らしたいなという気持ちが高まってきて、ニートになって上京した後の二十九歳のときにギークハウスというパソコンやインターネットが好きな人が集まるシェアハウスを始めたのだった。家はネット上の知人がたまたま空いている部屋を持っていたので貸してもらった。

もちろんシェアハウスだって一長一短で、「一人暮らしのように寂しくない」とか「生活費が安く済む」とかはいいところだけど、「プライバシーを保ちにくい」とか「たまに同居人にイラッとする」などのデメリットもある。でもまあ、一人暮らしにもそれほど惹かれないし、お金がないから生活費が安く済むのはありがたいし、おおむね今の生活には満足している。家に帰って友達がいると寂しくないし、誰かと一緒にごはんを作ったり食べたりは楽しいし、一人でワンルームマンションとかを借りるよりも安くて広い家に住めているし、家で友達を集めて飲み会をしたりするのも一人暮らしよりもやりやすい。自分一人だと知ることがなかったような本や音楽やゲームなどが自然に家にあるのも良いところだ。

一人暮らしが寂しいならシェアハウスじゃなくて結婚とか家族とかで共同生活をするというルートももちろんあるけど、僕は基本的に怠惰で貧乏なので、結婚とか家族とかはなんだかんだでお金かかるしあれはお金に余裕のある人向けの贅沢品だな、という感じがしている。あと、結婚とか家族とかいう仕組みは、若干今の時代に合っていないというか、少し効力が切れてきているんじゃないかということも思う。

世の中には生き方の模範となるパッケージというものがいくつか用意されていて、みんなそのうちのどれかを自分の人生に適用して生き方を決めていく。その中で「結婚」や「家族」というパッケージはすごく多機能で包括的だ。恋愛感情や性欲を満たす相手も、同じ家で一緒に生活をする相手も、子どもや病人や老人の世話も、家が持っている資産や家業の運営管理も、自分の病気や死を看取る人も、全部一つのグループの中だけでやっていこうという理想を持った、盛りだくさんなシステムが「結婚」と「家族」だ。だけど、そんなに多くの機能を「結婚」と「家族」という一つの仕組みだけで全部満たしていこうとするのは無理があるのだと思う。その理想と現実のズレが社会のいろんな問題を生んでいるんじゃないだろうか。

もちろん世の中にはうまく回っている家族もたくさんあるけど、問題が起きている家族も多い。そして結局うまくいかない家族は離婚や絶縁をして消滅してしまったり、もしくはうまくいっていないのに無理をして体裁だけを維持しているだけの空洞化した家族になってしまったりする。

そんな風な「家族だけで閉じてやっていくことの行き詰まり」を感じた人たちが家族以外でのゆるい人との繋がり方や居場所作りを模索している、というのが最近の若者の間でのシェアハウスとかボランティアとかSNSなどのブームの裏側にあると思う。

まあ、「家族以外の繋がりを求める」という動きが起こってきているのは、単に金銭的な問題も大きいと思うけれど。「昔は婚姻率が高く離婚率も低く家族の絆が強かった」というのは、単に昔は「男がお金を稼いで女が家庭を支える」という生き方モデルが強くて、そこから外れた生き方をすることのハードルが高かったからだ。家族がつらくても他に生きていく道が少ないからそこから逃げ出しにくかった。

だけど今は、雇用状況が悪くなったせいで男性でもそもそも一家の家計を支えるほど稼げない人が増えたのと、女性が昔よりは（まだまだ男女平等には遠いけど）働いて収入を得やすくなったのとで、「結婚して夫の稼ぎを共有して共同の家計で家族で生きていく」というプランが昔よりやりにくくなったために、他の道を探さざるを得なくなっただけだとも言える。

そもそも昔から、お金をたくさん持ってる人はそんなに一つの家族にこだわることなく結婚と離婚を繰り返したりとか、家族の外に愛人を作ったりとかしていたものだ。そういう余裕がない人間は家族が幸せじゃなくても一つの家族の中でやりくりしていくしかなかったというだけだ。

結局、昔あったという「家族の絆」なんてものは、「お金持ち以外は家の中で大人しくしていなさい」というのと「女性は家の中で大人しくしていなさい」というのに支えられていただけで、そんなにいいものでもなかったように思う。それよりは、お金はなくても（お金がないからこそ）家族以外にいろんな繋がりを求めるようになった今の状況のほうが健全なんじゃないだろうか。

「家族」の歴史は古くない

年配の男性なんかは家族観が保守的な人が多いので、「結婚して子どもを育てないと一人前じゃない」とか「男は仕事、女は家庭、二親揃ってこそ子どもの幸せ」とか「夫婦別姓を認めると家族がバラバラになる」とか言ってたりするけれど、そういうのは大体、昔の時代に対するノスタルジー的な幻想とか、世の中にはいろんな境遇の人がいる（不幸な家族も幸せな非家族もどちらもたくさんいる）という想像力が足りない意見なので、あんまり気にしなくていいと思う。頭の古いおっさんはほっとこう。

大体そういう人が言うような「伝統的な普通の家族」なんていうのは、本当はそんなに歴史があるものじゃなくて、せいぜい五十〜百年くらいしか遡れないものなのだ。人間は自分の子どもの頃に育った環境を、大昔からある当たり前のものだと思ってしまいがちだけれど、実はそんなことはなくて、多くの場合それは変化し続ける歴史の中での一時的なものに過ぎない。変化の速い現代では数十年ごとに社会状況が変わっていくけれど、人間の心理はしばしばそれについていけない。「歴史的に一時的なものを昔からずっとあった当然のものと思い込んでしまう」というのは人間が陥りやすい思考の罠なので気をつけないといけないんだけど、歴史をちゃんと知ることでそうした思い込みは避けやすくなる。

今現在、「普通」とされているような「愛情によって結ばれた夫婦とその子ども」みたいな結婚や家族のスタイルは、大体が戦後、一九五〇年代から一九六〇年代くらいに日本に定着したものだ。

その頃は「結婚こそが人生の幸せだ」みたいな考えが一番流行った時期で、日本人の婚姻率はとても高く、九十五％以上くらいの人間が結婚していたらしい。結婚するのが普通で当たり前で、結婚しない人間はよっぽどの変わり者と思われていた時代だ。だけど、それから後は婚姻率はどんどん下がって結婚しない人間の割合が増えてきていて、今では二割くらいの人間はずっと未婚のままでいることになりそうな勢いだ。

家族の形態として「男が外で働いて女が主婦として家を守るのが理想だ」という意見もあるけど、それも戦後に生まれたスタイルだ。そもそも会社に働きにいって給料をもらうというサラリーマンが増えて日本人の多数派になったのが、戦後の高度経済成長期からのここ六十年くらいのことで、それまでは日本では農家や商家などの自営業の家のほうが圧倒的に多かった（ほとんどは農家）。自営業の場合は家の人間が全員で協力して農作業などをするから、「外に働きに出る」とか「主婦が家を守る」なんて概念はなかった。

見合い結婚でなく恋愛結婚が多数派になったのも戦後のことだ。それは、先祖代々の家系を絶やさず守っていくという「イエ（家）」から、愛し合って結ばれた夫婦が作り上げる「家族」へと、家族のスタイルが変化することと連動していた。

昔の日本では「イエ」という制度がすごく重要視されていた。「イエ」というのは、家長が大きな権力を持って家の中を取り仕切って、（基本的には）長男に家督を相続させて、御先祖様やお墓を大事に守り、家系を絶やさないように続けていく、ということを重視するシステムだ。「イエ」は今では昔に比べれば影響力が弱くなったけれど、すっかり滅びたわけではなくてその考え方はまだ日本人の家族観の中に残っているし、地域や家によってはまだまだ「イエ」の影響力が強いところも多いだろう。

「イエ」という仕組みの問題点としては、「家長の言うことは絶対、逆らうやつは勘当して縁を切る」みたいな感じで家長の独裁だったので民主的じゃなかったとか、女性の立場がすごく低かったとか、長男以外の次男三男の立場がすごく低かった、などがあった。

それが戦後、日本がアメリカに戦争で負けて占領されたりして、日本ももっと欧米みたいに民主的になんなきゃいけないという雰囲気が出てきて、脱「イエ」しなきゃ、みたいな感じで国全体が変わっていった。戦後の日本は、これからは家長が君臨する「イエ」から脱却して夫婦の愛情で結ばれた「家族」を作ろう、それが民主的で幸せな生き方だ、という雰囲気になって、見合い結婚から恋愛結婚へ、大家族から核家族へ、「イエ」から「家族」への移行が進んだのだった。

「イエ」というのは「親から子に家系を引き継いでいく」という縦の関係を軸にしたものだったけど、「家族」は「愛情を持った男女が平等な立場で二人で作る」という横の関係を軸にするものだ。「結婚して新しい家族を作ってマイホームを持つ」ということが夢とされて、「夫婦とその子どもだけで暮らす」という核家族も増えた。

あと「イエ」の力が弱くなった理由の一つとしては、昔はほとんどの人間が自営業だったので、農家だったら田畑、商家だったら店などといった、一括して相続しないといけない家業や資産が家にあったせいでもある。家業を抱えているということは家が会社みたいなわけで、そうすると権力を持って取り仕切る社長（家長）が必要になる。要するにワンマン社長が仕切る中小企業みたいなものだ。そして相続の際は、田畑や店を分割して相続するのは難しいから長男に一括して全てを引き継ぐことになって、家を継がない次男三男や女性の地位は低くなる。

だけど、戦後には農家や商家といった自営業よりもサラリーマンのほうが多くなった。そのきっかけとなったのが、一九五〇年代半ばから一九七〇年代初めくらいまでの間、日本の経済がすごく成長して、敗戦後の焼け野原の状態から世界二位の経済大国にまで成長したという「高度経済成長期」というフィーバータイムだった。

それまでの日本は農民が一番多かったんだけど、高度経済成長期に都会に会社や工場がたくさん作られ、田舎の人たちが大量に都会に働きに出てくるようになって、都会に出てきた人たちは都会で結婚して、新しい家を手に入れてそれぞれの家族を作った。

つまり昔だと行く場所がなくて「イエ」の中で長男の下について働くしかなかった次男三男みたいな存在も、サラリーマンとして生きていく道が普通に開かれるようになったのだった。そんな風に、自営業じゃなくてサラリーマンがメインの社会になってくると、「家長に権力が集まる」「家長が全てを相続する」といったシステムがそんなに必要じゃなくなってきたというのも、「イエ」という制度が弱まった理由の一つでもある。

こうして、「恋愛結婚をしてマイホームを手に入れて核家族で暮らす」「夫は外で働いて妻は家を守って子を育てる」みたいな「理想の家族像」が一般的になったのが、今から六十年くらい前の、一九五〇年代から一九六〇年代の日本だった。

「家族」というブラックボックス

この、戦後に一般的になった、「恋愛結婚・サラリーマン・核家族」という組み合わせの家族像は、昔ながらの「イエ」や「ムラ（近所に住んでいる人たちと助け合いながら農業などをやる）」というしがらみや不自由さから解き放ってくれるものでもあった。

だけどそれは同時に、昔だと「イエ」や「ムラ」が担っていた役割を全部夫婦二人で背負うことになるものでもあった。昔だとなんだかんだで親戚とか近所の人とかと助け合いをしながら暮らしていたんだけど、それが全部「家族のことはそれぞれの家族内で処理しなきゃいけない」という感じになって、何か問題が起きたらすぐ「家族は何やってんだ」「家族がちゃんとしてないせいだ」みたいなことが言われるようになった。これは結構ハードだ。特に子育てとか介護とか。

「家族の問題は家族で処理」みたいな感じでそれぞれの家族が閉じてしまうと、家族内で何か問題が起きても他の人に相談もしづらいし他の人に助けも求めづらい。そうすると家族は外からは何が起こっているかよく見えないブラックボックスになってしまう。

結婚や家族が社会的に重視されるとともに「家族は仲良くしなきゃいけない」という意識も社会的に強くなったんだけど、家族といっても気が合わないこともあるしうまくいかないこともある。でも、そうした場合に家族以外に居場所の選択肢が少ないと、他に逃げ出すことも難しい。そうすると家族の中で起きた問題は少人数で閉じられた内部でどんどんこじれていってしまう。

「恋愛結婚・サラリーマン・核家族」という新しい家族像はよくできた仕組みで社会のメインの生き方になったけど、家族というシステムが多くのものを背負いすぎて負担がかかりすぎたという問題があって、そのせいで、八〇年代や九〇年代くらいから、さまざまな家族についての問題が社会問題として浮上してくるようになった。例えば、家庭内暴力とか児童虐待とか高齢者虐待とかDVとかアダルト・チルドレンとかひきこもり。その状況は現在もまだ継続中だ。

家族というものは結びつきが強い閉じた関係で、その関係性の強さは「ちょっとやそっとじゃ離れない絆がある」という安心感にも繋がるんだけど、関係がこじれたときにはその絆の強さが悪い方向に働いて、暴力や虐待やモラハラなどになってしまうことがある。臨床心理士の信田さよ子さんの本を読むと、家族が抱えてしまう歪みの例がたくさん紹介されている（『母が重くてたまらない』（春秋社）、『結婚帝国』（上野千鶴子さんとの対談・河出文庫）など）。

僕は家族というものを全く否定するわけじゃないけど、今までの家族というのはちょっと外部に対して閉じすぎだったという感じがする。閉じすぎた集団というものは家族でも職場でもサークルでもなんでも、大体バランスを崩しておかしくなっていくものだ。なんかもうちょっとオープンさを取り入れて、外部の人間とうまくゆるく繋がりやすいような風通しの良い形が望ましいと思う。

家族を「絶対に必要なもの」とか「絶対に良いもの」とか思って、「理想の普通の家族像」みたいなイメージを強く持ちすぎると、問題が起きたときに「家族を作るという当たり前のこともできない自分はなんてだめなんだろう……」とか自分を責めてしまったり、「つらいけど自分が耐えればなんとかなるし……」とか我慢してしまったり、実質的に崩壊しているのにそれを受け入れられなくて外面だけちゃんとした家族をやっているふりをして空洞化した家族を作ってしまったりする。そういうのは不毛だと思う。

「理想的な普通の家族」とか「標準的な家族」なんてものはどこにも存在しないし、みんなそれぞれ完璧じゃない人間が作った完璧じゃない関係性がたくさんあるだけだ。それはうまくいくこともあるしうまくいかないこともある。家族は人の支えにもなるものだけど、ないほうが幸せになれる家族だってある。家族だけが生き方じゃないし家族だけが人生の幸せじゃないので、害になるような悪い家族からはさっさと逃げても構わない。

家族についての理想を絶対化しすぎてしまうと、それに従って生きている人の生き方も窮屈にするし（「家族がひどい場合でも逃げちゃいけない」みたいな）、その理想から外れている人（独身とかシングルマザーとか同性愛者とか）に対しての抑圧を強くしてしまうので、あまりいいことじゃない。そういう理想の家族像みたいなのは「それはそれで一つの生き方モデルとしてありだけど、世の中にはいろんな生き方やいろんなケースがあるもんだし、だからこそ世界は面白いんだよな」くらいに考えておいたほうが生きるのが楽になると思う。

今の社会は未婚を選ぶ人も増えているし、結婚したとしても、数十年前にモデルとされていたような「男性が正社員として長時間労働をして、女性が専業主婦か安い時給のパートをしながら家事を担う」みたいなスタイルは、収入が不安定な非正規雇用の人間が男女問わず増えていることで成立しにくくなってきている。家族が抱える虐待・暴力・モラハラなども社会問題になるようになったし、今までにない少子高齢化という現象も社会を覆っている。

そんな風に昔とはかなり社会状況が変わっているんだけど、それでも昔ながらの「家族を作ることこそが人の幸せだ、それが人の生き方だ」というような価値観はまだまだ世の中に強くて、それに代わる新しい価値観もまだあまり出てきていない。そんな理想と現実のズレの中で「幸せな家族に憧れるんだけど、幸せな家族を作るのってすごくハードルが高そうだし、どうしたらいいいんだろう……」って、みんな迷っているというのが現在の状況だ。

じゃあどうすればいいかというと、昔にできた家族像が時代の変化によって古いものになっているのなら、現代に生きている僕たちはそれを少しずつ改造してアップデートしていくしかないのだと思う。

家族という仕組みは便利でもあるから完全に家族を捨てる必要はないけど、家族だけじゃなくていろんなところに頼れる関係を作っておいたほうが安心だし、どうしても家族が自分を苦しめる場合は家族を捨ててしまってもいい。「家族という居場所は選択肢の一つ」くらいにみんなが考えるようになったほうが生きやすい楽な社会になるんだと考えている。

ここ六十年くらいの歴史をたどって見てきたように、変化の激しい現代では人間の生き方というのは数十年単位で変化していく。つまり、みんな親の世代とはかなり違う社会を生きることになる。そんな時代では、昔からある伝統的な生き方や自分の親の世代の生き方をそのままなぞってもうまくいかない。一人ひとりが自分で生き方を考えて模索しながら生きていくしかないのだ。

シェアハウスで学べること

僕は二〇〇八年にギークハウスというシェアハウスを作ったんだけど、そうしたら「自分も同じようなシェアハウスを作ってみたい」という人が他にも何人か出てきたので、ギークハウスプロジェクトという名前のウェブサイトを作って、シェアハウスの作り方のノウハウをインターネット上で公開して共有した。その結果、いろんな人によって今では二十数軒のギークハウスが日本国内・海外で作られていて、ゆるやかなネットワークを形成している。ギークハウスに限らず最近はシェアハウスに住んでいる人やシェアハウスを作りたい人が若者の間でずいぶん増えていて、僕もよくいろんなシェアハウスに遊びに行ったり話を聞いたりしている。

今はシェアハウスといっても、業者が経営していて何十人もが一つの建物に住んでいる共有スペース付きの大型マンションみたいなものから、友達同士が一軒家に四、五人で住んでいる小規模のものまで多種多様な形態があるので一概には言えないんだけど、「シェアハウスと家族の違い」として一番大きなものは、「メンバーが入れ替え可能かどうか」という点じゃないかと思う。

シェアハウスだと住んでいる人間はしばしば入れ替わる。賃貸物件としてのシェアハウスの特徴としては「家具が備え付けられているから自分で買わなくてもいい」とか「敷金礼金保証人などの負担が少ない」というのがあって、だから普通の家を借りるのに比べて「引っ越しにお金がかからないから気軽に入って気軽に出ていきやすい」というメリットがある。

だけどそれはせっかくいい感じの同居人と知り合えてもしばらくすると引っ越していっていなくなってしまいやすいということで、ちょっと寂しいというのはある。

でも、まあそれが気楽なところでもある。シェアハウスで合わなかったら引っ越してしまえばいいけど、家族だとなかなか距離を取るのが難しい。縁を切りづらいけどいざというとき頼りにもなる家族と、流動性が高くてゆるい繋がりのシェアハウスと、選択肢として両方があることでうまくバランスが取れるんじゃないかと思う。とりあえずどっかのシェアハウスに飛び込んでみてそこで出会った気の合う人と自分で新しく別のシェアハウスを作るみたいなケースもよくあるし、選択肢が多くて流動性が高い点、つまり「いろいろ試してみてだめだったらまた次に行ってみるというのがやりやすい」というのはいいことだと思う。

人生の中で自分が体験する家族の数というのは、自分の育った家族と新しく作る家族の一つか二つくらいだったりすることが多いけど、シェアハウスとか寮とかに住むといろんな人との何パターンもの共同生活を体験することができる。そうすると「世の中にはいろんな人がいるんだ」とか「いろんな生活スタイルがあるんだ」という勉強になるし、試行錯誤をしながら共同生活をすることで、人間関係を調整することについても慣れてくるところがあるように思う。

そういう多人数での共同生活は向いてる人と向いてない人がいるからみんながずっとシェアハウスや寮に住むべきだとは思わないけど、みんな人生の中で一度くらいはシェアハウスや寮に住んでみると共同生活の勉強になっていいんじゃないだろうかと思っている。若いうちにシェアハウスや寮などで共同生活を体験しておくと、その後結婚とかをしたときもスムーズにいくんじゃないかと思うし。

一緒に暮らすとセックスしなくなる？

シェアハウスの住人が入れ替わる理由としては「勤務地の移転」「退職や転職」みたいな理由とか、「そろそろ一人暮らしがしたくなった」とか「ちょっとそのハウスが合わなかった」とかいろいろあるけど、「恋人ができたので一緒に暮らすことにしました」というケースも結構多い。男女混合のシェアハウスだと、シェアハウス内でカップルができてそのままシェアハウスを出て同棲を始めるということもある。

やっぱりシェアハウスの一番のネックは「セックスする場所がない」だなー、と思う。恋愛感情や性欲というものは人間を動かす大きなモチベーションだ。恋人ができれば好きな相手と二人だけでゆっくり過ごす場所が欲しくなるし、そうすると一緒に住みたくなる。そんな風に「恋愛」「同棲」というステップを踏んで、「家族」という新しい共同生活とコミュニティが生まれるのは、自然な流れにも見える。

だけどその自然な流れでできたものは、長期的に見ると少しズレが出てくるんじゃないか、ということも思う。何が言いたいかというと、「恋愛やセックスの相手」というのと「共に暮らす同居人」というのは長期的に見るとズレていってしまうことも多いものじゃないだろうか。セックスレスの夫婦というのは世の中に結構多いみたいだし、一人の相手と長く一緒に暮らしていると安心感や親しさは増すけれどその代わりだんだんと恋愛感情や性欲の対象から外れていってしまう、みたいな話もよく聞く。

シェアハウス暮らしをしている友達の話が面白かったんだけど、その人は以前恋人と同棲をしていた。ただ、一緒に住んでいるとだんだんセックスをしなくなってしまって、そのことに関してギクシャクしたりもしたそうだ。その後、いろいろな事情でその人はシェアハウスに引っ越して恋人とは別に暮らすようになったんだけど、そうしたら自然とまた定期的にセックスをするようになったらしい。デートのたびにホテル代がかかってしまうけど、それはまあシェアハウスで家賃が安く済むのと相殺してトントンくらいだと言っていた。僕は同棲をしたことがないのでよく分からないけど、いろんな人の話を聞くとそういうパターンは結構あるみたいだなと思う。

そうだとしたらどうすればいいんだろうか。特定の相手とずっと一緒に住むなら、ある時点から恋愛やセックスはもうしなくなるのを受け入れるか、それとも外で他の相手とこっそり浮気をする、とかしかないんだろうか。昔の男は「家族とはセックスはしない主義だ」とかうそぶいて外で愛人を作ったりしていたというような話を聞くけど、なんかそれもどうなんだろう、と思うし。

子どもができたら家ではしにくいからセックスレスになるって話もよく聞くし、そもそも年をとるにつれて性欲が弱まってあんまりセックスしなくなったりもするらしいし。セックスをしないんだったらカップルだけで閉じて住んでいる必要はそんなにないし、もうちょっと多人数に開かれた感じの暮らし方でもいいんじゃないかという気がする。たまにしたくなったらホテルに行けばいいし。

結局、二人だけの家で思う存分いちゃつきたいというのが最初の数年くらいの時期だけなんだとしたら、その数年以外はカップルだけで住む必要はそんなになくて、半分シェアハウスっぽい家に住むとか、家に誰か居候とかホームステイとかを受け入れるとか、もうちょっと家族以外に開かれて住むような形でも問題なさそうだし、そのほうが家族の持つ閉塞感とかに襲われずに済むのでいいんじゃないかと思う。

家族という小さな一つの箱の中だけで、人間が求めるものを全て何十年もずっと満たしていこうというのはなかなか難しさがあると思う。そうだとしたら、家族と家族以外を分ける境界線を少し曖昧にして、いろんな住み方や生活のあり方を試してみるといいんじゃないだろうか。例えば、「家族イコール同居」という枠をゆるめて、家族以外と一時的に同居してみるとか、家族でも離れて住んでみるのをありにしてみるとか。まあ人によって向き不向きはいろいろあるので、「家族だけで同居」というパターン以外にも、それぞれの人に合った形でいろんな暮らし方ができるような感じになればいいと思う。

二人よりも多人数のほうが楽

セックスの問題はとりあえず横においておいたとして、共同生活というか、一人で暮らすのではなく誰かと集まって暮らすというのはやっぱり効率的だ。家具を共同で買ったりとか食事を何人分か一緒に作ったりするのは経済的だし、帰宅したら会話相手がいると寂しくないし。動物や植物の世話も複数人がいると楽だ。そう思って僕はシェアハウスに住んでいる。

そして、セックスの問題をおいておいたとしたら、「二人で住むよりも、もっと多くの人数で住むほうが楽なのでは？」ということを思う。核家族の場合は「大人が二人（＋子ども）」という構成だけど、大人が二人よりも、三人とか四人とかもっといたほうが負担を分散して助け合えるのでいろいろと楽だ。外でお金を稼いで来られる人間が多いとか、家事を任せられる人間が多いとか、大体なんでも人数が多いほうが一人あたりの負担は少なくなって、助け合いの効果が大きくなる。まああんまり何十人もいても一人ひとりをうまく把握できなくてよく分からなくなるので、三〜六人くらいの人数がある程度のまとまりと親密さを持って暮らすにはちょうど良いように思う。

あと、コミュニケーションという点でも、一つの家に二人きりよりももうちょっと多い人数で暮らしていたほうがなんとなく気が楽なところがある。カップルの同棲みたいに二人きりだと確かに濃い関係を結ぶことができるけれど、閉鎖的な空間になって関係が煮詰まったりこじれたりもしやすい。それが四、五人くらいいるとなんか空気が紛れて、なんとなくもうちょっとゆるい感じで共同生活ができる。

シェアハウスに住んでいてよく思うのは、「この人と二人だけで住むとしたらいろいろぶつかったり合わなかったりしてちょっとキツそうだけど、まあ四、五人で暮らす分にはそこまで気にならないし、なんとか一緒にやっていけるかな」という感じのことだ。

例えば片付けが極端に苦手な人がいたとして、二人暮らしだと「自分がやるか、相手がやるか」しかないから、もう一人がその苦手分を全部カバーしなきゃいけないけど、五人暮らしだったら他の四人が少しずつカバーすればいい、みたいな場合がある。

床にゴミが放置されていた場合とか、二人暮らしだと自分がやったのでなければ相手の犯行に違いないので、相手に「もっとちゃんとしてよ！」って思ったりするけど、五人暮らしだと自分以外の誰がやったか特定できないから、なんとなく曖昧になって寛容になりやすいとかもある。そうして部屋がどんどん散らかっていくというのはあるけれど……。

まあそんな風に人数が多いほうが気楽なこともあるから、住む場所や住む人数は、もっといろいろ柔軟に選べる選択肢があると良いと思う。


子育てなんかでも夫婦二人だけでなく誰か他の人の手があったらすごく楽だ。核家族で夫婦二人だけで子育てをするというのは結構ハードだし、シングルマザーなどはさらに大変だ。シェアハウスみたいに一緒の家で暮らすのは抵抗があったとしても、長屋的な感じでアパートの隣の部屋に仲の良いニートや年寄りが住んでて子どもの世話をちょっと頼んだりできる、みたいなのがあったら良いと思う。そんな感じの住み方ができる選択肢があると、生き方の自由度がかなり広がるだろう。

僕は今のところ子どもを持つ予定はないけど、友達がシングルマザーとかシングルファーザーとかになったら、その友達と一緒にシェアハウスをやったり近所に住んだりして、子育て手伝ったりできたら面白そうだなーと思う。僕は大体毎日ゴロゴロしてるので時間があるし、それくらいの関係性なら気楽な感じで関われるし。

実際、最近はシングルマザー向けに設計されたシェアハウスなんかも出てきている。そうしたシェアハウスでは、それぞれの家族の生活空間は独立して確保されていて、それとは別に子どもたちが一緒に遊べる空間や親同士が交流できる空間を設けていたり、ベビーシッターを頼みやすいようなシステムを用意していたりする。そういうハウスなら住人同士で助け合ったり子育ての悩みを共有したりしやすいし、親一人で子育てしながら住むよりもだいぶ楽だろう。

本当は「家族と暮らすか一人で暮らすか」という二択じゃなくて、もっといろんな暮らし方が可能なはずなのだ。家族が果たしていた「共同で住んで家事を分担する」「共同で住んで生活を経済的にする」「共同で住んで寂しさを埋める」とかの機能は、シェアハウスとか寮とか、もしくは同じ町内に住むこととかでも結構カバーできる。昔は家族というシステムの中だけでなんとかやるしかなかったことが、今では工夫次第で家族以外にも少しずつ開かれてきていると思う。

「家族」をうまく利用しよう

でも、「寂しさを埋めるとか共同生活とかはシェアハウスでもできるなら、家族はもういらないのか?」というとそんなことはなくて、家族でないとカバーできない部分や、家族というシステムが有利な点がまだまだたくさんあるのは確かだ。

1.子どもや老人のケア

その一番大きなものは、「一人では生きていけない、子どもや老人や病人のケア」だろう。

子育てを近くに住んでいる友達やシェアハウスの同居人がある程度手伝うとかはできるし、老人の介護も二〇〇〇年から始まった介護保険制度によってある程度の補助が国から出るようにもなった。でも、それらはあくまで補助的なもので、メインのケアはやはり家族が引き受ける必要がある。まだまだ家族という概念に頼らずに子どもや老人や病人のケアを回していくのは難しいだろう。

2. 永続的な安心感

シェアハウスとか近所付き合いはしばしば入れ替わるものだけど、家族は「ずっと関係が途切れない」という永続性がある（ことになっている）のも大きい点だ。実際はまあ、家族だって縁が切れたりバラバラになったりすることはあるから、「関係が切れにくい」というのも気分の問題なんだけど、気分的な問題は結構大きい。

その永続性とか制約感も一長一短で、「決して一人になることがない」という安心感にもなるけれど、「家族がひどい人間だったとしても逃げてはいけない」という閉塞感にもなる。でも、そこから安心感を得られるという人は多いだろう。

3. 社会的な優遇

なんだかんだ言っても結婚に基づく家族を作ることは今の日本では有利だ。さまざまな法律や制度やサービスが家族向けに作られているから、家族という形式を取ったほうがいろいろと楽だったり得だったりする。例えば、財産の相続とか、子どもを持った場合の扱いとか、保険の受け取り人とか、病気や死亡の際の連絡とか、その他いろいろ。個人的にはそういう状況で非家族が軽く扱われるのはあまり好きじゃないけど、まだまだそれが現実だし、世の中はそんなに急激に変わるものじゃないから、まあ使えるものは利用したらいいんじゃないかと思う。

4．恋愛、性欲というモチベーション

新しく家族を作るという場合のきっかけとして「恋愛→同棲→家族」みたいな流れをたどることが多いわけだけど、コミュニティの成立が恋愛や性欲という人間にプリインストールされている強いモチベーションにドリブンされているのはすごく強力だと思う。

恋愛とかセックスって、二人で頭が馬鹿になってなんか一体化したような気分になれるものだけど、そんな風になんか頭がおかしくなって変な勢いが付かないと、新しく誰かと強い結びつきを作ろうとか、自分の生活や人生を根本的に変えようというところまで人間はなかなか決断できないものだ。それは「神と一体化したような神秘体験をして新興宗教に入信する」とかも同じなんだけど、まあ新興宗教よりも恋愛やセックスのほうが穏当でいいだろう。そんな風に、人間に組み込まれているプリミティブなパワーを利用できるところが、家族というシステムは強いなーと思う。

そんな風に、昔からずっと滅びずに残っているだけのことはあって、家族というシステムはまだまだやっぱり便利で強力で効率的だ。シェアハウスだとかSNSだとかそういった新しい繋がりというものは、家族に取って代わるほどの力はまだなくて、今のところあくまで家族を補完するサブシステムに過ぎない。すごく頑張ったりすごく運に恵まれていれば「死ぬまでシェアハウスに住む」みたいにそのサブシステムだけを使って生きていくことも可能かもしれないけど、なかなかみんながそれをやるのは難しい。まだまだしばらくは多くの人は家族というのを人生の中心にすることになるだろう。だから、家族という概念に縛られすぎないように適度に距離を置きつつもうまく利用して、ほどほどの関係で家族というものと付き合っていくというのが今は一番賢いやり方だと思う。

ただ、本当に家族だけに頼って家族だけでやっていこうとすると、孤立したり閉塞感が高まったりして問題が起きる危険性が高い。だから、ネット仲間でも趣味のサークルでもボランティアでも行きつけの飲み屋でもなんでもいいけど、何か家族を補完するサブシステムのようなゆるい繋がりを持つという方向に、少しずつ時代は動いていっているように思う。

家族だけに頼って生きていると、家族関係がこじれたときに逃げられる場所がなくて詰んでしまう。だから、これからの社会では家族以外の、家族で問題が起きたときに支えになったり頼りにできるような場所や繋がりをそれぞれが持っていることが大事になるだろう。リスクヘッジの基本として、支えになるものは多いほうが安定する。家族とそれ以外のサブシステムをうまく組み合わせて使っていこう。

「家族」という概念を広げたい

極端に言うと、数十年前は「家族」と「会社」しか社会の中でいる場所がなかった時代だった（さらにその前は「イエ」と「ムラ」しかいる場所がなかった時代だった）。その頃は「家族」や「会社」という大きなメインのシステムが包み込むように人を支えてくれていたけれど、そこから外れるとすごく生きにくくて、「家族」や「会社」がつらい場合でも他の選択肢が少ないので逃げることが難しかった。

今は、そうした「人を包括的に支える大きなメインシステム」は崩れて、何を頼ればいいかはっきり分からない時代になった。それは不安定でどう生きていったらいいかが分かりにくいということでもあるけれど、いろいろと試行錯誤をしながらたくさんある選択肢の中から選ぶことができるようになったということでもある。不安定だけどそこには自由さがある。だから基本的に僕は今が今までで一番良い時代だと思っている。

今の日本は家族の力が強かった過去の時代から別の時代へと変わりつつある移行期で、古い時代に作られた家族観と現在のリアルな状況に食い違いが生まれているせいでいろいろな問題が起こっている。

少子化問題なんかも、「子どもは二親揃ったちゃんとした家庭で育てなければいけない」みたいな昔ながらの家族観にとらわれているせいで対策がうまくいっていないように見える。人々の家族観やライフスタイルや経済状況は移り変わりつつあるんだし、もうちょっと楽に、収入が不安定でも、独身でも、離婚しても、安心して子どもを産んで育てることができるような社会になれば、子どもを産む人はもっと増えると思う。正直、なんか勢いでもないと子どもとかなかなか産めないものだし、もっと考えなしに勢いで産んじゃってもなんとかなるような感じにしたほうがいいんじゃないだろうか。そうしたら少子化も解消する気がする。


そういう意見を言うと、「そんなことをすると軽い気持ちで子どもを産む人間が増えて良くない」「ちゃんとした家族のあり方を取り戻さないと国がおかしくなる」みたいに批判する人がいるけれど、それは時代に合っていない古い価値観にとらわれた意見で、むしろそんな風に現実に合ってない理想を追求しようとすることで、家族という概念がどんどん窮屈で魅力的じゃないものになってしまって逆効果なんじゃないだろうか。

もうちょっと家族という概念は広くなっていい。だから夫婦別姓とか同性婚とか婚外子とか養子とか、いろんな家族のあり方をもっと積極的に認めていくべきだと思う。夫婦別姓でも同性婚でもシングルマザーでもシェアハウスでもなんでも、家族であっても家族じゃなくても、必要なのは「人が集まって住むことで幸せや安心を得られること」なんだから。

人が集まって住むときに「家族」という概念を使うと便利だったら使えばいいというだけの話で、誰かが考えた「理想の家族」を実現するために人が生きているわけじゃない。「多様な家族のあり方を認めると家族がバラバラになってしまう」という発想は、「人間は型にはめて縛り付けていないとだめになってしまう」と言っているようなものだし、それはちょっと人というものを信用しなさすぎな意見だと思う。

決まった家族の形を強制しなくても、人間は一人では寂しくて生きられない生き物だから、自然に周りの人と繋がろうとして、自然になんらかの集まりを作っていくものだ。人間のそういう自然に集まる力をもっと信用してもいいと思うし、社会が目指すべきなのは、家族であっても家族でなかったとしても、いろんな形で人と人が繋がりやすくなる環境だと思う。

生き方にゴールはない

社会学者の上野千鶴子さんは「年金と介護保険が家族（親子関係）を変えた」と言う

（上野千鶴子・古市憲寿『上野先生、勝手に死なれちゃ困ります』〈光文社新書〉より）。年金制度ができるまでは働けなくなった老人の生活は子どもが親に仕送りをして支えるしかなかったし、介護保険ができるまでは老人の介護は家族で百パーセント全部面倒を見ないといけなかった。それがそれらの制度ができたおかげで、公的にある程度（全部ではないけど）支えてもらえるようになった。

それは「それまで家族が果たしていた役割を家族以外が分担する」という仕組みなわけだけど、「介護保険なんかを導入すると日本の家族はお互い支え合う心を持たなくなって崩壊する」という批判も当時はあったらしい。だけど二〇〇〇年に介護保険制度が施行されたことによって家族が崩壊したかというとそんなことはなくて、むしろ「それが家族の崩壊を救った」と上野さんは言っている。そうした制度がなければあまりにも家族の負担が大きすぎて家族というシステムは崩壊してしまっただろう、という意味だ。僕もその意見は妥当だと思う。家族以外のシステムを作ることは、家族を消滅させるのではなく、逆に家族自体を支えることになる。

そもそも、「理想的な結婚」をして「理想的な家族」を作ったとしても、それは決して人生のゴールではない。結婚して家を買えばそこからずっと安定して同じライフスタイルで暮らしていけるというわけでは全くなくて、それから先もずっとさまざまな予測外の事件や変化やイベントは起き続ける。人生は何が起こるか分からないし、死ぬまでずっと生き方を考え続けないといけないというのは、家族でも家族じゃなくても結局同じことだ。

家族を作っても周りの家族が死んだり倒れたり仲が悪くなったりして自分一人だけになってしまうことはあるし、家族を作らなくても周りの繋がりに恵まれてずっと孤立せずに生きていけることもある。まあ、家族という関係性のほうが離れにくいというのはあるけど、でもそれは絶対的なものではない。

「結婚をしたとしても結局離婚や死別で老後に一人暮らしになる可能性は高い、だから老人の一人暮らしについてもっとみんな考えるべき」ということを書いてベストセラーになったのが上野千鶴子さんの『おひとりさまの老後』（文春文庫）という本だった。高齢化社会が進みつつある現在、一人暮らしをしている老人は結構多い。家族がいないから一人暮らしの場合もあるし、子どもがいても一人のほうが気楽だからという理由で一人暮らしを選ぶ人も最近は増えている。

僕自身が老人になったときのことを考えると、一人暮らしをするくらいなら、今と同じようにシェアハウスとか長屋みたいな感じで仲間と集まって住めたらいいなと思う。同じ年代の年寄りを集めて、将棋を指したりネコを飼ったりインターネットを見たりしながら、交流したり助け合ったりして住んだほうが一人暮らしよりも楽で楽しく住めるだろう。

ただ心配なのは、そんな状態で要介護状態とか認知症とかになったらどうしたらいいかだ。友達とかにガッツリ介護を頼むのはキツい気がするし、僕の将来は介護を頼める家族もいなくて介護サービスを頼めるお金もないという可能性が高いし、そうしたらどうしようか。その頃は安楽死が合法になっていて判断能力のあるうちに一人でサックリ死ねたらいいな、ということも考える。理想としてはある程度の年まで元気に生きてある日突然ポックリ亡くなるという感じだけど。まあどんな風に死ぬかについてはまだもうちょっと先のことなので、時間をかけて考えていきたい。

結局人間にとって一番大事なのは「孤立しないこと」なのだと思う。そのために家族という概念が有用なら家族という概念を使えばいいいし、それが他のもので代替できるなら他のシステムでもいい。

先のページで「戦後に『イエ』から『家族』へと生き方が移り変わった」と書いたけど、今でもまだまだ「イエ」という概念も場所によっては残っているし、それは一概に悪いわけではなくて「イエ」というシステムが人の生き方を支えている場合もある。世の中の全ては少しずつ残っていき、少しずつ変化していくものだ。伝統にこだわる必要はないけど、伝統が便利な場合は伝統を利用すればいい。

今は古いものから新しいものまで、いろんな価値観やいろんな生き方が溢れていて選択肢がたくさんある時代だ。そんないろんな概念やシステムの中から、自分の状況に合うものを自由に選び取って柔軟に組み替えて生きていけばいい。「標準的な生き方」なんてものは存在しないし、標準的な生き方っぽく見えるのは単に多数派の持ってる価値観に過ぎなくて、多数派に乗っかるのは有利な面も多いけど、それが自分には合わない場合もあるし、多数派の生き方が絶対なわけじゃない。家族でも家族以外でもなんでも、孤独にならないためにありとあらゆるツールを利用して生きていけばいいんじゃないかと思う。

第三章　お金に縛られない

お金をかけない日常

自分のペースを保って生きたい

「できるだけ働かずに生きていきたい」とずっと思ってはいるんだけど、やっぱり現金が完全になくなると生きていけないので、最近は少しずつ仕事をしたりしている。どんなことをやってるかというと、原稿を書いたりとかウェブサイトを作ったりとか、自分の好きなことの延長線上にあって、家で自分のペースでできるような仕事なんだけど。あとはたまに友達に雑用を頼まれて少しお金をもらったりとか(長期旅行中のペットの世話とか)、細かい小銭稼ぎをちょこちょこやっているという感じだ。

でもまあ、あんまり働く気がないので収入は低い。年収は大体毎年百万円前後くらいだ。それでどんな風に暮らしているのかという毎月の家計をざっくりと書いてみると、家賃は友人とのシェアハウスで安く済ませているので月二万五千円(後述のシェア別荘を含む)、光熱費や通信費が月一万五千円くらい、あとは月四万~五万円くらいを食費や娯楽費に使って生活している、という感じだ。娯楽費というのは何に使っているかというと、古本を

第三章
お金に縛られない

買ったりとか安いゲームを買ったりとか、ときどき漫画喫茶やスーパー銭湯に行ったりとか、たまにバックパックを背負って貧乏旅行をしたりとか、それくらいな感じだ。お金のかかる趣味は持っていないし、そんな感じで十分楽しめている。

しかし、もっとお金が欲しいか、と言われれば欲しい。普段の生活の中で「お金があればもっと楽なのになー」という場面は結構あるし、お金があれば人生の大体の問題は解決する。お金は万能で素晴らしいツールだ。

でも、お金は欲しいけど、〈お金を得るためには働かなければいけない〉という厳然たる宇宙の法則のことを考えると、まあ、なくてもいいかな……という気分になる。働くのは基本的に面倒臭いことだし、面倒臭いことをたくさんするのに比べたら、お金がないけどあまり仕事はしないという今の状態でそこそこ満足かな、というのが正直な感想だ。

多分僕がお金がなくてもそんなに不満がないのは自分が一番やりたいことは実現できているからだと思う。それは「自分のペースで生活に実感を持ちながらゆっくりと暮らす」ということだ。具体的に言うと、毎日好きな時間に起きたり、その日の気分次第で一日の予定を決めて、散歩をしたり本を読んだり猫と遊んだり料理を作って食べたり、眠たくなるまで夜ふかしをして好きな時間に眠ったり、という感じのことだ。

会社に勤めているときはそれが全くできなかった。毎日決まった時間に起きなきゃいけないというだけでかなりつらかったし、満員電車に乗って通勤して、職場で気が合うわけでもない人たちとずっと顔を合わせていると、それだけで生きるエネルギーをすっかり消耗してしまっていた。そうすると家に帰ってからの自由時間もゆっくり本を読んだり料理を作ったりする元気がなくて、牛丼やハンバーガーみたいな雑な食べ物ばかり食べたり、よく考えたらそんなに欲しくないものとかを適当に買ってストレス解消をしたりしていた。

その頃はなんというか、金銭的には今より余裕があったけど、「自分にとって一番大事な生活のペースやリズムを奪われている」という感じがして、あまり毎日を幸せだと感じられなかった。その頃に比べたら今のほうが、お金がなくても気持ちに余裕があって自分のペースを保って生活ができているのでちゃんと生きている感じがするし、全体的な幸福度は高い。

日常の中にやることはたくさんある

多分僕が人よりも体力がないせいだと思うけど、「毎日働きながら生活もきちんとする」というように、仕事と生活とを両立させるのは僕には無理だった。

あと、会社の仕事よりも日常生活のほうが面白いと思ったということも大きい。

「会社に入ってサラリーマンとして与えられた仕事をこなしてお金を稼ぐ」とか「頑張って仕事をして社会の中で活躍する」みたいなことに僕はどうしても実感や意味を感じられ

なかった。そういうのは自分の生活や自分の感覚と何も繋がってなくてつまらないとしか思えなくて、そんなことより毎日の生活を自分のペースで好きなように送りたいという気持ちのほうがずっと強かった。

いつも思っているのは、普通に生活をしているだけでいろいろやることがあって忙しいし、それだけで飽きない、ということだ。日常生活というのは結構奥が深くて、やろうと思えばいくらでも掘り下げていくところがある。わざわざお金をかけて外国とかに行かなくても、身の回りの生活の範囲をいつもとちょっと違う目線でゆっくりと見回すだけで、面白いものや新しい気づきとかはたくさんあるものだ。お金をたくさん持つというのも豊かさの一つだけど、自分の中にいろんなものの見方を身に付けるということも豊かさだと思う。

生活の中で楽しめるものの例を出すと、料理が代表的だ。料理は趣味や技術としても奥が深いし、作ったら美味しい食べ物ができるので一石二鳥だ。自分の好きなものを好きな味付けで調理して食べる瞬間はすごく幸せを感じる。別に僕はそんなに料理スキルは高くないんだけど、だからこそまだまだ挑戦しがいのある新しいジャンルが多くて、これは何十年も飽きなそうだな、と思う。

去年から自宅でパンを焼くようになったんだけど、意外と簡単にできるし、焼きたてのパンってこんなに美味しいんだ、というのは感動した。そんな風にまだまだやったことのない料理は世界にたくさんある。そのうち、大きい魚を捌《さば》いたりとか、うどんを打ったりとか、味噌を自分で仕込んだりとかもできるようになったらいいなと思う。あと、料理ができると家で友達を集めて宴会などを開きやすいのもいい。食べ物があると人が集まりやすいし、人が集まればあまりお金を使わなくても楽しい。

他には、今年になってから庭で植物を育て始めたんだけど、これもすごく面白い。カサカサに乾燥した小さな種を土に蒔いてそこに水と日光を与えるだけでニョキニョキと緑色のみずみずしい植物が生えてくるのは、なんか魔法とかSFみたいですごい。今のところ、せっかくだから食費も浮かせたいと思って食べられるものしか育てていない。それもキュウリ、シソ、ゴーヤ、ミョウガ、パクチーなどの、わりと育てるのが簡単なものばかりだけど。

毎日時間があるからしょっちゅう庭の植物を眺めてたりするんだけど、キュウリとかゴーヤとかのつる系のやつは伸びるのが速くて、一時間おきくらいに見ても変化していくのが分かって面白い。植物を育てる技術も奥が深そうだし、大してお金もかからない趣味だし、もっといろんな植物を育ててみたい気持ちになっている。

散歩も好きだ。僕は一日に一回も外に出ずに部屋にこもっているとなんか閉塞感を感じて気分が煮詰まってくるので、特に外に出る用事がなくても毎日外に出て歩いている。大体は十分か二十分くらい歩いてコンビニとかに寄って帰ってくるくらいなんだけど、たまに気分と天気が良くて気持ちが乗ったときは二時間くらいひたすら歩くこともある。

結構何年もその場所に住んでいても、ふと気まぐれに入ったことのない路地に入ったりすると、こんな近所にこんな景色があったんだ、という気づきがあったりする。公園や川は季節によって見た目が変わるし鳥がいたりもするので見てて飽きないし。

あと、単に「歩く」という行為自体も奥が深くて、「背中の筋肉をほぐすように意識して歩く」とか「かかと（もしくはつまさき）を地面にできるだけ長くくっつけて歩く」とか「歩くときに使う全身の関節を下から一つずつ順番に意識しながら歩く」とか、結構いろんな歩き方を試しているだけでも楽しめるものだ。

たまにちょっと、情緒が変動してなんか不安な気分になったようなときもたくさん歩いたりする。家にこもってずっとパソコンの画面を見つめていると思考が煮詰まって「俺はもうだめだー」という気分になったりしやすいけれど、外に出て歩くと見える景色が少しずつ変わっていって気が紛れるし、歩くという動作は一定の振動とリズムを体に与えるのでそれが精神を落ち着かせる効果があるように感じる。体力がないからスポーツとかは全然やらないんだけど、体をある程度動かすのは大事だなということは思う。

隠居生活のすすめ

僕は本を読むのが好きなんだけど、本はすごくコストパフォーマンスが高い暇潰しだから読書を趣味にするとお金をあまり使わずに済む。漫画もいいけど、活字の本のほうが一冊を読み終えるのに時間がかかって長く楽しめるので活字の本を読む習慣を身に付けることを勧めたい。

別に目まぐるしく大量に出版される新刊を追いかけなくても、図書館や古本屋に行けばお金をかけずに面白い本をいくらでも読むことができる。図書館の大きな本棚の前に立つたびに僕はいつも、まだまだ読んでない面白い本がこの世界には無数にあってすごく豊かで嬉しいという気持ちと、「これは一生かけても全部読みきれないだろうな……」という悔しい気持ちとを二つ同時に感じて複雑な気分になる。

他には、去年から始めた趣味に将棋がある。将棋なんて小学生の頃に少しやったくらいでそれからずっと興味がなかったんだけど、たまたまネットで中継されていたコンピューターとプロ棋士が戦う将棋の対局を見たらすごく面白くて、そこからハマっていった。ネット将棋で自分で指したりもしたけど指すのは結構頭を使って疲れるのでそんなにやらなくて、今ではプロ棋士たちの対局を観戦するのが毎日の楽しみだ。将棋ファンというのはすごくお金がかからない（というかお金を使う場所がない）趣味で、僕はネットの対局中継を見るために毎月五百円を払っているんだけど、それだけの出費で毎日いろんな対局を実況解説付きで観戦できてすごく満足してしまう。あとは図書館に行って将棋の本や雑誌を読んだりするくらいだ。

読書、将棋、散歩、園芸が趣味だというと、「老人みたい」って言われたりする。自分でも確かにその通りだと思うけど、まあそれでいいんじゃないだろうか。お金がかからなくて面白いものをお年寄りだけにやらせておくのはもったいないないし、お金をたくさん使うほうがカッコイイという考え方もちょっと古くなってきてると思うし、お金を使わないで楽しく過ごせるならそれに越したことはない。

他にもまだやってみたい趣味はたくさんある。例えば、将棋の関連で囲碁も少し気になっている。将棋と囲碁はよくセットにされるけど、僕は将棋は分かるけど囲碁は全然分からない。囲碁も勉強してみようかとたまに思ったりするけど、まあ別に急がなくても囲碁は逃げないし、老後の趣味として取っておいてもいいかなと思う。将棋は精密な思考が必要とされるけど囲碁はもうちょっと曖昧な感覚で打てるところが大きいから将棋より囲碁のほうが年をとっても弱くなりにくい、という話を聞いたことがあるし。

あと相撲なんかも、今は全然何が面白いのか分かんないけど、相撲ファンはいっぱいいいるからあれもあれでハマったら面白いんだろうな、年をとったら見てみるといいかも、とか思ったりする。他にも短歌は少し分かるけど俳句は全然知らなくて、そのうち俳句もやってみたいとか、そんな風にまだまだ自分の知らない面白いことは世界にたくさんあるし、年をとっても退屈はしなさそうだ。

あと何より安上がりな趣味としては、今ではインターネットの存在がすごく大きい。ネットには無料で無限に暇を潰せる面白コンテンツが無数にあるし、友人や知人との繋がりを保ち続けるツールとしても必須だ。月に数千円の接続料で数百時間は暇を潰せるからコストパフォーマンスはものすごくいい。ネットを見るマシンも、二万〜三万円くらいで安いパソコンを買えばなんとかなるし、古いパソコンは余ってて知り合いにタダでもらえることも多いし、最近はスマートフォンなんかも携帯会社のキャンペーンをうまく使えば少し前の機種をほとんど無料で手に入れることができる。スマホがあればネットも見られるし友達にメッセージも送れるし、百円や二百円で面白いゲームで遊んだりもできるから万能だ。

ネットのおかげで今は友達とも気軽に繋がりやすくなったけど、オンラインのやりとりだけじゃなく実際に会うことも大事なので、ときどき集まって遊んだりもする。集まるときもあんまりお金はかからない感じで、ファミレスにみんなで集まってパソコンやスマホでネットを見ながらゆるく雑談したりとか、みんなでスーパー銭湯に行ったりとか、シェアハウスで安い塊肉を焼いて食べたりとか、公園でブルーシートを敷いて宴会をしたりとかしている。

仲間がいればあんまりお金がかからない。一人でいると寂しさに襲われないためについ街に出てお金を使ったりしてしまうけど、なんか適当にゆるく過ごせる仲間がいれば、そんなにお金を使わなくてもわりと楽しく過ごせる。

ビジネス書作家の大石哲之さんがブログで「人生の時間軸を横に倒せ」ということを言っていた。どういうことかというと、昔は「四十年間働いてその後二十年間休む」みたいな人生計画を持つ人が多かった。でも今は昔ほど会社というシステムが頼りにならないし、同じ仕事で安定して四十年も働けるかどうか怪しい時代だ。だったら「四十年間働いてその後二十年間休む」という時間軸に沿って縦に積み上げた時間配分を横に倒して、「四年働いて二年休む」を繰り返していくとか、「週に三日半働いて三日半休む」を繰り返していくとか、そういう風にするのもありじゃないか、という主張だ。僕もそれはすごくいいんじゃないかと思う。

そもそも四十年間働き続けたとしても、四十年後に社会がどうなってるかなんて分からないし自分が生きてるかどうかも分からない。だから、若いうちから老人的というか隠居的な、お金のかからないのんびりした時間を日常に少しずつ取り入れていくのはありなんじゃないだろうか。

節約スキルは一生の資産

なんかそんな風に、お金をかけなくても日常生活の中でやりたいことや面白いことはたくさんあるし、どっちかというとお金よりも時間のほうがやりたいことを全部やるには足りない、だから仕事とかしている暇はない、というのが僕の実感だ。

まあ僕がお金をかけなくても満足できるのは、お金をかけた生活に居心地の悪さを感じるというせいもある。高級なレストランよりも安い定食屋のほうが、高くてお洒落な服よりも安くて雑な服のほうが、気楽で落ち着く。タクシーとかに乗ったりするとなんか悪いことをしているような気になってしまう。ただの貧乏性というものかもしれないけど……。

お金をかけなくても生活を楽しむためにはある程度のコツやノウハウのようなものが必要なので、ある程度お金に余裕があるうちにそのコツを身に付けておく、というのも大事な点だと思う。

僕の場合は、空調もなくて冬寒く夏暑い家賃四千円のオンボロ寮に住んでいた学生の頃に、本を読んだり料理を作って毎日を過ごしたり、友達と一日中ゲームや麻雀をしたり、公園や川原で飲み会をやったりする、みたいな生活の楽しみ方を覚えたのが大きい。そんなことを言うと「そこで生き方を踏み外したんですね」とか思われるかもしれないけど、僕としては「そこでやっと自分にしっくりする生き方を見つけることができた」と思っている。

お金をかけずに生活を楽しむコツというのは一度身に付ければ一生残る資産だ。年をとってからとかお金がギリギリになってから新しいことを身に付けるのは結構しんどいし、人生のうちで早めに身に付けておくことを全ての人に勧めたい。個人的には読書と料理が特にお勧めです。

自炊のできない人が貧乏になると毎日インスタントラーメンばかり食べる生活になってしまったりする。本当はうまく自炊をすればインスタントラーメンより自炊のほうが安くていいものを食べられるんだけど、効率的に自炊ができるようになるにはある程度の時間とお金と試行錯誤が必要だ。余裕のない状況で新しいスキルを身に付けるのは難しいから、できるだけ余裕のあるうちに身に付けておくのがいいと思う。

人と比べることに意味はない

お金がなくても楽しく暮らすための心がけとして一番大事なのは、「他人と自分を比べない」ということじゃないかと思う。そして他人と自分を比べなくても平気になるためには、「自分の価値基準をはっきり持つ」ということが必要だ。

自分と他人とを比較して、「他の人はもっといい暮らしをしてる」とか「他の人はもっといい物を持ってる」とか考えて劣等感を抱いてしまうと、人並み程度や人並み以上にお金を得たりお金をかけた生活をすることにこだわってしまう。

でも、他人と自分を比べるということはあまり意味がないと思うのだ。僕は、自分と自分以外の人間とは、イヌとかネコとかヤギみたいに違う生き物だと思っている。まあ、ヒト同士だと多少話は通じて意思疎通もできるけど、根本的にはやっぱり一人ひとりが違う肉体を持って全く違うものを見て、違う価値基準で行動しているものだと思う。

種類の違う別の生き物と自分を比べて勝ったとか負けたとかやることは意味がない。例えば「鳥は飛べるけど俺は飛べないから負けてる」とか「自分より屋久杉のほうが長生きだから屋久杉のほうが偉い」とかいうことで悩むのはバカバカしい。それと同じように自分の生き方や価値基準と他の人間の生き方や価値基準は全く違うものだし、他人と自分を比べても仕方ないものだと思う。

何十年か前は、今よりももうちょっと社会の中で価値観のバラつきが少なくて、みんなが当たり前のように結婚したり家を買ったりしていて、社会の大勢がある程度同じ理想や目標を共有できていた。そういう時代は統一された基準を使って他人と自分を比べたりしやすかったから、「勝ち組」だとか「負け犬」みたいな勝ち負けの概念を作りやすかったのはある。

でも今の時代はそういうメインストリームの価値基準というものがだいぶ崩れて、いろんな人間がいろんな生き方をそれぞれするという時代に少しずつなりつつある。そうしたらいよいよ他人と自分を比べる意味はあまりないと思う。

大切なのは、周りに流されずに「自分にとって本当に必要なのは何か」「自分は何によって一番幸せになるか」という自分なりの価値基準をはっきり持つことだ。それとまあ、自分一人だけで周りと違う価値観を持って生きるのも孤独でキツいので、自分とある程度価値観が近い仲間や友人を持つことも必要だ。

たまに親しくもないのに自分の価値観を押し付けてきて「そんな生き方は間違っている」「世の中はそんなものは認めないぞ」とか言ってくる人がいるけど、そういうのはよく分からない宗教の人が「あなたの生き方は我が教の教義に反しているので死後十億年間地獄に堕ちます」とか言ってくるのと同じなので、「ああ、別の宗教の人だな」と思ってほっとけばいい。

ブログを書いていると不特定多数の人が読みにくるので、僕のブログにもときどきよく知らない人（大体ちゃんと文章を読んでいない）が「あなたの考えは間違っています」とか「もっと働いてください」とかコメントをしてくるんだけど、そういうのは全部「あー、あなたの宗教ではそう考えるんですね、僕は違うからよく分かんないけど」って思ってスルーしている。世の中は多種多様な価値観で溢れているのでいちいち全部の人の意見を聞いていたらキリがないし、自分が信頼する人間の意見以外は聞かなくていいと思っている。

僕は「自分にとって幸せを感じられるのは何か」という自分にとっての価値基準を考えた結果として「お金よりものんびりできる時間のほうが大事だな」と思ったので、今のようなあまりお金を稼がない暮らしをしている。逆に、「自分は何によって一番幸せになるか」を考えた結果として「自分はどうしても都心のいい家に住んで社会的に成功している人として見られたい」とか「自分はどうしても幸せな家族を作って囲まれたい」とか思ったら、それを実現するために頑張るのもありだ。そのことにかかるお金を計算して、「それを得ることで自分が感じる幸せ」と「それにかかるお金を稼ぐことの大変さ」とを比べて「幸せ」のほうが上回るなら、頑張って働いてお金を稼いでやりたいことを実現すればいいいと思う。

なんとなく稼いだお金はなんとなく使ってしまう

お金とか仕事とかいうものは自分の本当にしたいことを実現するためのツールに過ぎないから、仕事をするにしてもちゃんと自分にとって大事なものをはっきりさせた上で働いたり稼いだりしないといけない。なんとなく働いてなんとなく稼いだお金は結局なんとなく散財してしまうものだ。

僕の知り合いで何人かいるのが、普段すごく仕事を頑張っていて、それはそれでいいんだけど、仕事で稼いだお金の使い道が特になくて貯金だけが増えていって、やることがないのでその貯金で株とかFXとかをやり始める、という人たちだ。「〇〇の株で貯金が一・五倍になった、すごいだろ」とかそんなメールがときどき来たりする。

確かにすごいとは思うんだけど、その人たちは株でお金を増やそうとしているけれど、別にそんなにお金が必要なわけでもないし、お金が欲しいわけでもなさそうだ。要するに、頑張って働いてお金を稼いでもそんなに使い道がないし、休みの日にすることもあまりないからマネーゲームで暇潰しをしてるということなんだろうと思う。まあ本人が楽しいならそれでいいんだけど、なんかなー、使い道がないんだったらそのお金を僕にくれないかなー、とも思う。

株とかFXとかは損することも儲かることもあるだろうけど、たとえ儲かってもお金の使い道がないのにさらにお金を増やしても仕方がない気がするし、ゲーム性という娯楽を求めて株やFXをやるんだったら、テレビゲームでもしてたほうが安くて完成度が高くて楽しいんじゃないだろうか。

「お金が減るかもしれないけど増えるかもしれなくてワクワクする」という、ギャンブル性という楽しさもあるだろうけど、真面目に働いて稼いだお金でわざわざ博打をして遊ぶのは微妙だな、と思う。何故かというとギャンブルって貧乏人だと千円賭けるだけでアツくなれるけど金持ちだと十万円くらい賭けないとアツくなれないので、なんかコストパフォーマンスが悪いと思うからだ。

やっぱりお金の額に左右されるのではなくて、自分が幸せを感じられるのは何かというのをしっかりと知ることが大事だ。広告を見たり店に行ったりすると「これを買うといいよ」とか「これみんな買ってるよ」みたいな誘惑の情報が溢れていていくらでもお金が必要な気がしてくるけど、そういうのはこの消費社会特有の物を買わせるトラップだ。まあ買い物とか散財もたまには楽しいからいいんだけど、大体あいつらは人間が物をうまく活用できるキャパシティ以上に物を買わせようとしてくるし、買っても買ってもエンドレスに「また別の物が欲しい」って思わされたりするのであまりハマりすぎてはいけない。

この現代社会には物も情報も無数にあってあまりに選択肢が多すぎるので、うっかりするとそんなに好きでもない物や実感の持てない物に延々とお金や時間を使い続けるということになりかねない。お金の金額や世間の価値観で物事を選ぶのではなくて「自分の人生にとって大事なのは何か」「自分にとって実感が持てる物は何か」というのをちゃんと知っておくことが重要だ。

自分にとって何が大事かがよく分からなくなったときは、感覚とか感情とかで判断するのも結構良い。片づけコンサルタントの近藤麻理恵さんの『人生がときめく片づけの魔法』（サンマーク出版）という本には「手に取ってみてときめかないモノは全部捨ててください！」みたいなことが書いてあるけど、そんな風に「手で触れる」とか「ときめき」といった、身体性や感情、五感で感じることや気持ちを動かす物を基準にすると、わりと合ってることが多いと思う。

都会と田舎を行き来する

山奥に共同で家を借りた話

友人の伊藤洋志くんとの共著『フルサトをつくる』（東京書籍）という本で詳しく書いたんだけど、今僕は東京で友人と住んでいるシェアハウスとは別に、和歌山県の熊野地方の山の中に家を一軒借りている。家の借り主は僕と伊藤くんの二人なんだけど、二人だけで使っている場所ではなくて、毎年何十人もの友人や知人が遊びに来たり合宿をしたりするようなシェア別荘とかシェア合宿所みたいな感じで活用している。

家は結構大きい一軒家なんだけど家賃は月五千円と安い。それを二人で分割して払っているのであまりお金をかけずに維持できている。あとは泊まりに来た人たちから宿泊費、食費、車の維持費などをカンパしてもらって、さまざまな経費をまかなっている感じだ。

熊野に家を借りることになったのは本当に偶然のことだった。僕は三年前まで全くその場所に縁もゆかりもなかったんだけど、たまたま東京で伊藤くんから「熊野の山奥に若者が十数人くらい移住していて、廃校を利用してカフェをやったりとか、猟師になってシカやイノシシを狩って食べたりして面白いんですよ！」みたいな話を聞いて、「なんか都会の生活もちょっと飽きたし、それはちょっと面白そうだな」と思ったのがきっかけだった。そして遊びにいってみたら実際にかなり面白い場所で、熊野に住んでいる若い人たちとも仲良くなれたので、もうちょっとこの地域にいろいろ関わってみたい、と思って家を借りてみることにしたのだった。

僕らが借りている家にはもともとお年寄りの女性が一人で住んでいたんだけど、二〇一一年九月にあった紀伊半島大水害で家が天井近くまで浸水してしまって、「これ以上この場所で家を直して住み続けるのはしんどい」ということで引っ越していって空き家になっていた。それを熊野に移住している友人が買って、その友人に僕らが貸してもらっている、という経緯だ。

僕らが借りた時点では家の内部は浸水でボロボロになっていて住める状態じゃなかったんだけど、仲間を集めて自分たちで床や壁を張ったりして改修した。家具や車などはほとんど、無料で知り合いから譲ってもらって集めた。車は廃車にするにもお金がかかるので探せばたまに譲ってくれる人がいるし、今の時代はこだわらなければ物はいくらでもどこかに余っているものだ。そんな感じで始めた家なので全体的にあんまりお金はかかっていない。

僕は普段は東京で暮らしつつ、一、二カ月に一度くらい熊野の家に行って、一、二週間くらい滞在するようにしている。東京の生活で「なんか疲れたな……ちょっと温泉入ってゆっくりしたい……」と思ったら熊野に行って、熊野でしばらく過ごして「そろそろコンビニとか懐かしくなったしまた都会に行くか……」と思ったら東京に戻る、というような感じで二拠点を往復して使い分けている。

今はそんな風に都会と田舎を行ったり来たりしている生活だけど、いざというとき、例えば都会で本当に金銭的にヤバくなってホームレスになりそうになったときとかに「ここに行けばとりあえず生きていける」というセーフティーネットとして使おうということも考えている。

お金がなくても山奥の家だったら家賃はほとんどかからないし、インターネットの回線はあるからブログを書いたりして月に数万の現金を稼ぐのは不可能じゃなさそうだし、あとはたまに近所の畑やキャンプ場の手伝いでもして野菜やバイト代をもらったりすればまあなんとか死にはしなさそうだ。周りには自分と同世代の都会から移住してきた友人知人が住んでいるから話し相手もまあいるし、都会の友達も「温泉入りに来んかー」とか言えばときどき遊びに来てくれそうだし、田舎の山奥暮らしでも完全に孤独になることはなさそうだ。

災害、事故、病気など、人生は突然どんなトラブルが起こるか分からないけど、「そこに行けばまあ最低限死なないだろう」と思える場所があれば安心感があるなということを思う。まあどうなるか分かんないけど。

買うよりも作るほうが楽しい

山奥の田舎の暮らしで一番面白いなーと思ったところは、都会の生活よりもお金に頼る度合いが少ないというところだ。

それは単に家賃が安いというだけの話じゃなくて、都会だったらすぐにお金を出して買ってしまうところを、自分で作ったりとか知り合いから分けてもらったりとかしてなんとかできる余地が多いという意味だ。

田舎だと、僕らが家を自分たちで改修したように、家の改修や補修などの作業を自分でやってしまう人は結構多い。簡単な小屋くらいなら自分で建ててしまったりとか、道を作ったりとか石垣を積んだりとかの軽い土木工事ができる人もいる。田舎ではＤＩＹでいろいろ作ったり直したりするのが日常のことだから、DIYに必要なものがなんでも揃う大きなホームセンターが田舎には大体ある。そして軽トラックを持っている率が高い。田舎では軽トラがあればなんでも運べるという無敵感がある。

野菜なんかも、別に農家を本業でやってる人じゃなくてもみんな庭とか畑とか空いた土地で育てたりしていて、野菜って自分の家だけでは食べきれないくらい採れるものなので、田舎だと近所の人からおすそ分けしてもらう機会が多い。

肉も自給できたりする。肉なんて都会だとパックに入ったものしか見ることがないけれど、田舎では近所の猟師の人が獲ったシカやイノシシの肉を分けてもらったり、ニワトリを飼ってる人からニワトリを生きたまま一羽もらってみんなで捌いて食べたりしてとても面白かった。肉はもともと生きて動いてる動物なんだ、というのは当たり前のことだけど、都会でパックの肉しか買わない生活をしているとついそれを忘れそうになる。山の中をうろうろ走り回ってるシカやイノシシが、解体すれば赤くて美味しい肉になるというのはなんか魔法のような感じがする。

まあ、自分で家を建てたり動物を捌いて肉を食べたりとかはちょっと極端な例で、田舎でも多くの人はお金を払って家を建てたり肉を買ったりしているんだけど。それでも、田舎では都会に比べてお金で買わずになんとかできる割合が全体的に高いのは確かだ。

田舎に行って思ったのは「都会の生活は生活に必要なことをお金で外注しまくってたんだな」ということだ。都会の生活が楽で便利なのは確かだ。都会は物でも店でもなんでも揃っているからお金さえあればとても楽しい。

ただそれとはまた別の楽しさとして、生活に必要なものを自分で手を動かしたり考えたりしながら作る楽しさもある、ということに田舎で気づいたのだった。都会だとなんでもお金を払って手に入れるのがつい当たり前になるけど、田舎だと土地や空間や動物や植物といった資源が豊富だから、自分の工夫でゼロから手作りできる余地が大きい。

自分たちで家の床板を張ったりとか野菜を作ったり肉を捌いたりをしてみると、自分の生活がどういうもので成り立ってるかを直接触って確かめることができて、何か地に足が着いた感じで世界をとらえられる感じがした。

そもそも昔のお百姓さんは生活に必要なものはなんでも自分たちで作っていた。田んぼや畑で食べ物を作って、家も自分たちで木を切ってきて建てて、服も自分たちで布を織って作っていた。百の仕事をするから百姓と呼んだという説もある。

そういう生活はそれで不便なこともたくさんあるし、別にそういう自給自足の生活に戻りたいというわけじゃない。でも、都会の生活は「お金を稼いでお金で何かを買う」ということにちょっと依存しすぎている感じがするし、もうちょっと自分の手を動かして物を作って世界を実感する、というのが生活の中にあったほうが楽しい気がする。

伊藤くんの著書『ナリワイをつくる』(東京書籍)も会社偏重の働き方に疑問を投げかけていて参考になる。伊藤くんは「自分の生活の延長で、無理をしないでできる小さな商売」のことを「ナリワイ」と名付けている。ナリワイだけで食っていくのはなかなか大変かもしれないけど、会社に勤めながら好きなことをナリワイにして月数万円の副収入を持つだけでも結構充実感があるし、会社に勤める以外のルートからも現金収入があるというのは精神的な安心感にも繋がる。

昔の農村では生活と仕事が一体化していた。現代では生活と仕事は分離してしまって(職住分離という)、そのことで都市的生活を送れるようになって便利にもなったんだけど、「自分で手を動かして何かを作る」というような生活の実感みたいなものが日常からだいぶ失われてしまった。最近、会社員をしながら趣味を副業にして小商いをするとか、田舎暮らしの生活をするとかに興味を持つ人が多くなったというのは、会社の給料だけを中心にした生活にむなしさを感じるというのがあるんだろうし、それは健全な動きだと思う。

お金をかけなければお金に追われない

田舎では何かちょっとした商売とかを始めようとするときにローコスト・ローリスクで始められるのも良い点だ。

僕の知人や友人には、都会から田舎に移住して、カフェを作ったりゲストハウスを作ったりパン屋をやったり、猟師をやったり炭焼きをやったり図書館を作ったりしている二十代や三十代の若い人が結構いるんだけど、みんな店とか事業とかの立ち上げにあまりお金をかけていない。

例えば、家は使われていない空き家を月に一万とか二万くらいの家賃で借りるか、数十万から百万くらいの価格で買えばなんとかなる。家の改修は自分たちで人を集めて床を張ったりすればそんなにお金はかからない。「古民家の改修作業を体験してみませんか？作業が終わったあとはみんなで温泉に入って焚き火を囲んでビールを飲みましょう。家の改修のやり方を覚えることもできます」とか言ってネットで募集すれば、都会の人たちが結構面白がって手伝いに来てくれたりする。必要な家具などは知り合いや近所からもらったりして結構なんとかなる。

お金をかけないことのメリットは、お金に追われないということだ。お金をたくさんかけるとどうしても資本主義のスピードに巻き込まれてしまって、お金や時間に追われてしまうようになる。

都会でカフェやゲストハウスをオープンしようとすると、物件を借りたり改修したりする費用としてなんだかんだで一千万円くらいかかってしまったりする。そうすると、頑張って何年も働いたり借金したりして資金を用意して、その初期投資をちゃんと回収して利益を出すためにきっちりと計画を立てて、時間とお金に追われながら働きまくる、みたいな感じになってしまう。まあそれはうまくいけば儲かったりもするだろうし、そういうのが楽しいという人もいるだろうけど、失敗すると人生への影響も大きいし、ハイリスク・ハイリターンで忙しい話だと思う。

でも田舎でちょっとした小商いみたいなのを始めるんだったら、家賃は安いし、自分一人でゆるく営業するくらいのところから始めれば人件費もかからない。初期投資もランニングコストも低く済むから、自分のペースで進めていくということが比較的やりやすい。毎月出ていくお金が少ないということはかなり心の余裕をもたらすものだ。

例えば、月二万円で一軒家を借りて自分がそこに住みながら家の中を改修してゆっくりと店のオープン作業を進めていく（生活費はときどきバイトでもして稼ぐ）みたいな感じとか、ときどき週末などにイベント感覚で友達を集めて一年くらいかけて準備していくとか。かけたお金が多くなければそんな感じで自分で物事を進めていくペースを握りやすい。田舎だと最悪商売に失敗しても寝る場所と食べ物くらいはなんとかなるだろうという安心感もある。

何か商売を始めるときに、ちょっとゆっくりとしたペースでローリスクで始められるのは田舎のいいところだ。都会のスピードはちょっと速すぎる。

僕がインターネットの世界を好きなのも、結構ネットではお金と関係なく無償で動いている部分が多いからだ。ブログなんかも大体そうだ。お金を稼いでいるブログもあるけど、大体のブログはお金よりも「何か思いついたから聞いてほしい」とか「人と交流したい」とかそういった気持ちで書かれているものだ。

プログラミングの世界にはオープンソースという概念がある。これは大雑把に言うとプログラマたちがビジネスとは関係なく趣味でプログラムを書いて、それを誰でも無償で使えるように公開して、そうした作業が蓄積されてどんどんいろんなプログラムが開発されていくというやり方だ。オープンソースでできたプログラムにはＬＩＮＵＸというＯＳなど今の社会でバリバリ使われているものもたくさんあって、ＩＴ業界ではオープンソースは欠かせないものになっている。

人はお金のためだけに動いているのではなくて、結構みんなほっておくとお金と関係なくいろんなことを勝手にするものだ。それは人は無為に耐えられない生き物だし、一人で孤立することに耐えられない生き物だからだ。

ネットの世界でそういうのが成立しやすいのは、パソコンで文章やプログラムを書いてネットに発表するのは大してコストがかからないからだ。つまりお金がかからなければお金に縛られずにいろいろ好きなことができるという話で、田舎で事業を始めるハードルが低いのと同じだ。そしてその根本は、都会は狭い土地にたくさんの人がいるから使えるスペースがどうしても限られてしまうけれど、ネット空間や田舎はスペースがたくさん余っているのでいくらでも低コストでいろんなことができるというところにある。

僕も少しだけプログラムを書くんだけど、書いたものはオープンソースとして公開していて、そうするとそれを使ってくれた人から、たまにお礼のメッセージが届いたりとか、ときにはアマゾンで僕が作っている「ほしい物リスト」経由でプレゼントが送られてきたりする。

僕がシェアハウスをやっているのも別にお金を儲けようとしているわけじゃなくて自分が面白いからやっているだけだけど、やっていると直接的な金銭のリターンはなくても、いろんな人に知り合えたりとか物をくれる人がいたりとか、得られたものはいろいろ多い。

なんかそんな風に、直接リターンを取ろうとしなくても世の中に何かを提供し続けていれば、そのうち何かが巡り巡って自分に戻ってくるものだな、ということを思う。

ただまあ、たくさん人とお金を動かしてガンガンと商売を回していくようなビジネスも世界を回していくのに必要なのは確かだし、そういうのが好きな人や向いている人は一定数いる。でも、みんながそういうのに向いているわけじゃない。もっとゆっくりと、生活も大事にしながらやれるようなペースで何かをやっていくのが向いている人のほうが世界には多いはずだ。

ドワンゴという会社を創業した川上量生さんが「経営者は善人だと務まらないから、起業すると性格が悪くなる。だから起業は勧めない」とよく言っている。お金がたくさん動くことやたくさんの人が関わることをやると、どうしても一人ひとりの生活や一人ひとりとの人間関係を大事にする余裕がなくなって、いい人でばかりはいられなくなる。

そこまで生活や人間性を犠牲にしない範囲で、普段の生活のちょっとした延長くらいのペースで、新しい商売とか新しい企画を始めやすくなったらもっと社会は面白くなるはずだ。そういうのをやりやすい場所が世界にもっと増えればいいなと思う。

都会と田舎のいいとこどりをしよう

あと田舎に魅力を感じているのは、単純に「静かで落ち着いた気分になれる」というのも大きい。人も建物も車も少ないというのはとても落ち着く。

熊野の山奥の家に滞在していると、周りに本当に何もないのでとても静かだ。建物もないし人もいないし、耳を澄ましてもトンビやシカの鳴き声しか聞こえてこない。夜は外が本当に暗闇になって、満月のときは月明かりというものがこんなに明るかったんだということに気づく。普段都会の生活に慣れていると「何もない」ということはすごく贅沢なことなんだ、と思う。

都会はいろいろ便利なんだけど、人も建物も密集しているからどうしてもなんか圧迫感を覚える。道を歩きながら歌ったり家で飲み会をやって騒いだり庭でバーベキューをしたりするとすぐに怒られてしまう。まあ、人口密度が高いとどうしても周りの人間の行動を制約しなければギスギスしてしまうから仕方ないんだけど。

山奥で周りに家がないと、音を出したり火を燃やしたりとかが気兼ねなくできるのですごく解放感がある。特に火はいい。火を見てるとなんか心が落ち着くので、熊野にいるときはしょっちゅう薪ストーブで木を燃やしたりしてひたすらぼーっと眺めている。燃えるゴミも処理できるので一石二鳥だ。

あと、都会は音や光に溢れすぎていて、目や耳に入ってくる情報が多すぎて疲れる、ということを思う。都会にいるとどこにいても、宣伝や看板やアナウンスや、人の話し声や車の音や電車の音に囲まれていて、それらから逃れるのは難しい。そういった目や耳への感覚への刺激は結構精神状態に影響を与える。

都会の街中を歩いていると「まるでパチンコ屋みたいだな」と思う。パチンコ屋という空間は〈音と光の洪水〉って感じで、轟音でテンポの速い音楽が流れつつさまざまな色の電球や液晶が目まぐるしく点滅し続けている。要は、感覚器官に強烈な刺激を与え続けることで人間の気分を盛り上げて判断能力を落とさせて、なんかついお金を使っちゃうようにさせる仕組みだ。

都会という空間も同じように、常にいろんな音声や広告や新商品に溢れている情報の洪水だ。その洪水の中に浸っているとついペースや感覚を乱されて、そんなに欲しくない物を買ってしまったりよく分からない流行を追いかけてしまったりするという罠がある。まあ、今の消費社会の経済はそうやって人々がお金を使うことで成り立っていて、広告や宣伝に気分を盛り上げられてパーッとお金を使うのも楽しいことではあるけれど、あんまりお金を使ってばかりいるとむなしくなってしまったりするものでもある。

山奥の家にやってきて静かな環境で過ごしていると、なんか自分のペースを取り戻すような気分にいつもなる。都会にいるときは外からの情報や刺激が多すぎてついよく分かんなくなってしまっていたけど、本来は自分がものを考えたり感じたりとか食べたり眠ったりして生きていくのって、これくらいのおだやかでゆっくりとしたペースで良かったんだ、ということを思う。

でもまあ、ずっと山奥で過ごしているとそれはそれで飽きてきて、「もう山や川やシカは見飽きた」「徒歩でファミレスやコンビニや本屋に行ったりしたい」という感じで都会が恋しくなってきたりするんだけど。また、田舎は田舎で「人間関係が濃い」とか「よそものに対して閉鎖的だ」とか面倒臭いところもある。それは、人間が少なくて人間の流動性が低いとどうしてもそうなるものなので仕方ない。

要は、都会も田舎もどちらもそれぞれいいところと悪いところがある。友達が「都会の持っている毒を田舎は解毒してくれて、田舎の持っている毒を都会は解毒してくれる。そういう相互補完関係があるんじゃないか」と言っていて、なるほど、その通りだ、と思った。解剖学者の養老孟司さんがよく「都会だけで暮らしていると生活が歪むので、一年に何カ月かは田舎で暮らすという参勤交代制度を義務化するべきだ」ということを言っているのもそういうことだろう（『養老孟司の旅する脳』など）。だから僕は、都会と田舎を行ったり来たりしてうまく両方のいいとこどりができないかと思って、そういう生活を実践してみている。

今の日本では地方からどんどん人が減っているということが問題になりつつあるけど、どこか一カ所だけに住まなければいけないということになったらやっぱりみんな便利な都会に行ってしまうものだ。だから一カ所にずっと住むということにこだわらず、都会と田舎を行ったり来たりしていろんな場所に少しずつ顔を出し続けるような、そんな暮らし方を広めていったほうがいいんじゃないかと思う。

追われない生き方

実感（自分なりの価値基準）とお金（抽象化された価値基準）

話をお金に戻そう。そもそもお金というものは「人にとって何が価値があるか」という人それぞれの価値基準を抽象化して、みんなの間で共通化したものだ。

本来、人によって何が価値があるかという価値基準は少しずつ違う。お酒が好きなAさんにとってお酒は価値があるものだけど、お酒が飲めないBさんにとってはお酒は大した価値がない。

そこで、お金という共通化された価値基準があることで、価値基準が違う人同士の間でもいろいろと交換したりすることができるようになった。

お金はなんにでも交換できるから万能ですごく便利なツールだ。だけどお金は抽象的な基準なので、お金だけを基準にして考えているとそれぞれの個人によって少しずつ違う具体的な生活の実感や幸せからかけ離れていくことがある。大きなお金が動くと人間一人ひとりの都合なんて構っている余裕がなくて、個人の生活や人間らしさなどが無視されてしまうことがよくあるし。

お金でなんでも手に入るようになった今の社会は昔に比べてすごく便利で快適で素晴らしいものだ。でもその一方で、お金なしには何もできなくなって、お金を何かというと使わされて、お金を得るために働かざるを得ないようにされてしまっている、という不自由さもたまに感じる。ツールでしかなかったはずのお金というものが、いつの間にか人間をコントロールするものにもなってしまっている。

お金というものがなかった頃のことを想像してみる。

昔の自給自足に近い生活をしていた田舎の村では、お金というものはほとんど使われていなかった。生活に必要なものは買うのではなく大体自分たちで作ってしまう。田んぼや畑で食べ物を作り、家は山で木を切ってきて自分たちで建てて、服も自分たちで布を織って作った（宮本常一『生きていく民俗』〈河出文庫〉という本でそういう村の話が詳しく語られていて面白いです）。その頃、生活と仕事というものはかなり一体化していた。

山の村でしか採れない農作物や木材と、海辺の村でしか獲れない魚や塩などを交換するようなことはあっただろう。そんな風に二つの村の間でだけ交換をしているうちは、個別に交渉して調整しながら物々交換をすれば、お金は使わなくてもなんとか交換ができる。

だけど、もっと交易する範囲が広がっていって、何百何千もの村や都市の間で経済が繋がって物が交換されるようになっていくと、お金というものが必要になってくる。

野菜や魚は運ぶのが重いし時間が経つと腐るけど、お金だと持ち運びしやすい。あと、二つの村の間でだけの交換だと、お金を使わなくてもお互いの村が何を必要としているかなどを把握して、

「魚と貝が獲れたんでいらんかね」

「貝はあまり食わんのでいらないが魚はもらおうかな。あと塩が欲しいんだが」

「じゃあ今度塩持ってくるわ」

「今年は野菜が不作なんでちょっとまけてくれんかね」

「仕方ないね、じゃあ来年ちょっと多めに頼むよ」

みたいに相手の事情を考慮しながら柔軟に取引を調整したりできるけど、遠く離れた何百何千もの村や都市と交易をするようになると、それぞれの意思や都合や需要を考慮して物々交換をするということが不可能になってくるからだ。

お金という誰にでも通用する交換ツールがあれば、遠く離れたところに住んでいて何を考えているか分からなくて言葉も通じない人とも交換をすることができる。そのことによって人類は、狭い範囲で自給自足や近所同士の交換だけをしているよりも、とてもたくさんの多様な物を手に入れられるようになった。

世界史なんかを見ると、広い地域を統一した帝国ができると、大体新しく統一した貨幣

を発行するものだ。それは山の村と海の村と都市といった、違う世界に生きていて違う価値基準を持っている人たちを一つの国として連動させるために、統一した価値基準を作ることが必要になるからだ。

交換が人類を豊かにした

ジャレド・ダイアモンド『銃・病原菌・鉄』(草思社文庫)という本がある。この本は人類の歴史についての本なんだけど、アメリカ人である著者がニューギニアを訪れたときに、現地の人に「あなたたち欧米人は文明を発達させて大きな船や銃などさまざまな物を持ってこの地にやってきたけれど、私たちはそれまでずっと石器時代のような生活を続けていた。あなたたちはたくさんの物を持っているが私たちは何も持っていない。それは何故なのか」と問われ、その問いに答えようとするところから始まる。

何故ヨーロッパで他の地域よりも文明が発展して、ヨーロッパ人が世界の他の地域を征服できたのか。この分厚い本ではその理由がいくつか説明されるんだけど、そのうちの一つの大きな理由として「大陸が大きかったから」というものがある。

世界四大文明は全て世界最大のユーラシア大陸で起こった。大陸が大きいと何故文明の発展に有利なのか。その理由の一つは、島だと海で隔てられているから他の村との交流や交易が難しいけど、大陸で陸地が繋がっているとたくさんの地域と交流や交易がしやすいからだ。

Aという村とBという村で交易をすれば、一つの村だけで暮らすよりたくさんの物を手に入れることができる。交易する村が多くて交易の範囲が広いほど、よりいろんな物を手に入れられるようになってそれが豊かさや発展をもたらす。

物だけでなく、知識や技術が交換されることも重要だ。ある村ですごく便利な農機具が発明されたとする。そうするとそれを他の村も欲しがってその村から買ったり、自分たちで真似して作ったりするようになって、どんどんと広まっていく。ある村で収穫量の多い小麦の品種が栽培されるようになると、それは他の村にも真似されて伝播していく。そんな風に優れた知識や技術が交換されて広がっていくことで、どんどん文明が発展していくのだ。

(『銃・病原菌・鉄』では他にも「何故南北に長いアメリカ大陸よりも東西に長いユーラシア大陸のほうが発展しやすかったか」とか「何故シマウマは家畜にならなかったのか」とかいろいろな疑問が説明されていて面白いので興味を持った人はどうぞ。かなり分厚いけど。)

交換や交易というものは人間の生活にとってとても大事なことだ。他の村や町と交換や交易をすることで、孤立して一つの村や一つの家族だけで暮らすよりもとても豊かな生活が可能になった。そしてお金という便利なツールがあることによって、交換や交易が可能な範囲がぐっと広がって、人類はさらにいろんな物を手に入れられるようになった。

お金が大量に動くと個人の都合は無視される

第二章でも書いたように、昔の社会ではみんなほとんど農民だったけれど、近代に産業や経済が発達して都市に人口が集中し、主要な産業が第一次産業（農業、漁業、林業）から第二次産業（工業）と第三次産業（サービス業）に移り変わって、大多数の人が都市に住んで会社勤めをして会社からお金をもらって生活をするような社会になった。それは、資本主義や市場経済が一般的なものになって、要は「お金があれば大体なんでもできるような社会になった」ということだ。

それは単に物質的に豊かになったというだけではなくて、人の人生をイエやムラといったしがらみから解放してくれるものでもあった。昔は自給自足で生活していたからお金はいらなかったといっても、それはイエやムラという共同体の中で支え合っていたからなんとかなったのであって、その決められた場所から外れて生きるのはかなり難しかった。今は違う。今はお金さえあればどこに行ったってそれなりに生きていける。お金というものは人間にそういう流動性や自由を与えてくれた。

その代わり、昔のイエやムラのように「不自由だけどそれに従っていればなんとかメシは食える仕組み」が弱くなったので、生きるためには働き続けてお金を稼ぎ続けなければいけないようになった。また、お金というのは家族や隣人のように困ったときに融通を利かせてくれたり精神的な支えを与えてくれるものではない。人間の感情としてはお金だけではやっぱりなんか寂しさが出てくるものだし、お金以外の繋がりがやっぱり必要とされているということは変わらない。

あと、お金というものが大量に動いて経済の規模が大きくなると、どんどん個人の生活の実感とはかけ離れていくものだ。一つの村で自給自足をしていたり近所のいくつかの村と交換をしているような状態だと、この米はどこで採れたもの、この服は誰が作ったもの、というように、自分の生活がどこから来たどういう物によって成り立っているのかが見えやすい。でも今のように全国規模、世界規模で貿易がされるようになると、自分の生活を支えているものがどこからどうやってやって来たものかがよく分からなくなってしまう。

この現代の「グローバル化した資本主義経済」というものは、世界規模で経済が繋がり合って仕組みがものすごく複雑になって、一般人には何がどうなって世界が動いているのかよく分からない。よく分からないままに景気が良くなったり悪くなったり、物価が上がったり下がったり、円が高くなったり安くなったりする、という感じがある。経済学に精通すればある程度理解できるのかもしれないけど、ほとんどの一般人には無理だろう（経済学者でもあんまり分かってないのかもしれない）。今はみんなが「よく分からないものに自分の生活が左右されて振り回される」ということを感じやすい時代に生きている。

経済やお金というものは人間が作り出したものだけど、経済やお金は規模が大きくなるとそれ自体が生き物のように動いてコントロール不能になって、人間を追い回したり追い詰めたりしてしまったりする。その理由の一つは、大量のお金というものは固有のスピードを持っていて（例えば「時間が経つと貯金や借金に金利が付く」とかがその表れだ）、そのスピードは大抵の人間が生活を自然に送るペースよりも速いからだ。だから、お金がたくさん動くことに関わると人間はいつも急かされるような気分になってしまう。

現代は社会が複雑に発展して物や情報が溢れかえっている上に、お金があれば大体のことはなんでもできる仕組みだから、「お金以外の自分なりの基準や感性や感覚」というのを見失いやすい。現代ではお金と全く無縁で生きていくことはできないけれど、充実感を持って生きるためにはハイスピードで動いていく社会に自分を全て適応させるのではなくて、お金以外の論理で動く部分も忘れないようにして、自分のペースを保つことが大切だ。そのためのコツとしては「体を動かして何かをする」とか「自分の手を動かして何かを作る」などを、日常的にすることが有効だと感じる。それは、お金とは別の基準となる「自分の感覚や感情」を大切にすることに繋がっているからだ。

お金や時間に追われない生き方

「自分のペースを保って暮らす」というのは別の言葉で言い換えれば「時間に振り回されない」ということなんだけど、そもそも時間というのはなんだろうか。お金の次は時間について考えてみたい。

時間とお金は似たような性質を持っている。そもそも山で畑をやっている人と海で漁をしている人と都市で商売をしている人では過ごしている時間は全く違う。だけど、それぞれの地域が交易などで繋がって連動して動くようになってくると、共通した時間の基準を定める必要が出てきて、時計や暦というものが生まれた。

でも、人間の感じる時間というものは、全ての人にいつも同じように流れているものではなくて、本当はすごく多様なものだ。Aさんの感じる時間の流れ方とBさんの感じる時間の流れ方は違うものだし、同じ一人の人間の中でも、仕事をしているときとぼんやりしているときと説教されているときとセックスしているときでは同じ一時間でも全く感じ方は違う。でも、そんな風にさまざまな色や味が付いたそれぞれの時間を、抽象的で無味乾燥な同じ「一時間」として数えるのが、時計や標準時という共通の基準だ。

共通の時間の基準を揃えるのは、多くの人や多くの地域が連動して仕事をしたりするためには必要なことだ。それは、多くの人や多くの地域と取引をするためにお金という共通の価値基準が必要になったのと同じ構造だ。だけど時計やカレンダーばかり見て（＝共通化された時間ばかり意識して）、自分が本来持っているはずの時間の流れ方を見失ってしまうと、「時間に追われる」という感覚から抜け出せなくなってしまう。

本来時間というのは人間を追いかけたりするものではなくて、それぞれの人が何かをするときに持っているそれぞれのペースのことだ。人は幸せや充実感を感じるとき、「時間を忘れるようだ」と思う。人が幸せや充実感の中に没入しているときには、時計の刻む標準的な時間で動くのではなくて、完全に自分自身の固有の時間で動いているからだ。

本屋でビジネス書の棚を見ると「時間を無駄にしないために効率的に時間を使う時間術！」とかそういう本がいっぱいある。そういうのもある程度は必要だと思うけど、あまりやりすぎると良くないと思う。幸せな時間や充実した時間というものは、効率的なんていう概念とは全く別の次元にあるものだ。

時計やカレンダーばかり気にするのではなくて、自分のペース、自分なりの時間の過ごし方を見失わないようにしよう。「自分は何によって時間を忘れるような経験をできるか？」という問題について人生のある段階で考えて探して見つけ出しておけば、その後は時間やお金に追い詰められすぎずに人生を過ごせるんじゃないかと思う。

人間が「お金／時間に追いかけられる」とか「効率的にお金／時間を使わなければ」とか感じてしまうようになったのは、世界中の経済が複雑に繋がって発展して、資本主義や市場経済がハイスピードで回り続けて世界を豊かにしていることや、個人がお金の力によってイエやムラのしがらみから抜け出て生き方の自由を得ることができる社会になったことなどと表裏一体のできごとだから、ある程度は仕方ない。

だけど、そんな複雑で忙しい時代だからこそ、お金や時間に振り回されないためには自分なりのペースや価値基準を見失わずに持ち続けることが大切だ。そのためには「感覚や感情を大切にする」というのが有効だと僕は思う。「ごはんが美味しい」とか「散歩が楽しい」とか「夕焼けが美しい」とか、そうした生活の中にある些細な楽しみが人生の充実感の基礎を作っている。それは、お金や時間に追い詰められて社会的に切羽詰まったようなときにも、「人生はそれだけが全てじゃないよな」と一歩引いて落ち着いて物事を考えられるような、個人的な空間を確保することでもある。

社会のスピードにある程度は合わせつつも自分なりのペースを見失わず、お金がもたらす便利さを利用しつつもお金以外の自分なりの価値基準や実感も見失わないようにして、要は両方のいいところをうまく利用しながらうまいこと生きていけたらいいんじゃないか、と思う。

第四章　居場所の作り方

居場所があれば生きていける

人間が人生の中でやることって結局、大体七割くらいは「居場所を作るため」の行動じゃないかと思う。残りの三割は「夢を追う」とか「理想を追求する」とか「空想や妄想を広げる」とかそういうもので、聖書にも「人はパンのみにて生きるにあらず」と書いてあるように人が生きるにはそういう地に足が着かない要素も必要なんだけど、それはそれぞれの人が独自に追求すればいいものなのでとりあえずおいておく。

居場所というのは「安心して居られる場所」「自分はここにいてもいいんだと思えるような場所」のことだ。仕事をするのも、お金を稼ぐのも、友達を作るのも、恋人を作るのも、家族を作るのも、家を買うのも、飲みにいくのも、趣味を持つのも、大体全部居場所を求めてすることだ。人は居場所があれば生きていけるし、社会のどこにも居場所がない状態になってしまうと事件や問題を起こしてしまったりする。

そして、世間で一般的な居場所の作り方としては、「仕事を頑張る」とか「家族を作る」とか「お金を貯める」という感じなんだけど、本当はそれ以外にもいろんな居場所の作り方があるはずだと思う。

第二章や第三章で書いたように、昔はイエやムラや会社や家族という仕組みが広く人生をカバーしていて、その中で周りに合わせていればとりあえず居場所を与えてもらえるような社会だった。

だけど今はそうした大きな枠組みは昔よりも力を失ってしまって、そこからこぼれ落ちる人も多くなってしまった。だから、今はみんながそれぞれ工夫をして、いろんなタイプの小さな居場所を作っていく必要がある時代なのだと思う。それは昔よりも不安定な時代でもあるけれど、自分で自由に生き方をアレンジできる部分が増えた面白い時代だとも言える。

僕はお金を稼ぐこととか家族を作ることとかにはずっと興味がなかったんだけど、居場所を作るという作業はそういえばずっとやってきてたな、と思う。学生寮でたくさんの人と共同生活をしていたところから始まって、ニートになって上京してネット経由で知り合いを増やしまくったのとか、友達とシェアハウスを作って共同生活をしているのとか、東京と熊野に家を借りて多拠点生活をしているのとか、全部そうだ。僕は毎日会社に通うような生き方は向いていないけど、なんかゆるく人が集まる場を作るような作業は向いていたんだと思う。

人の居場所になるような場所を、いろんな人が気軽にたくさん作れるような社会が良い社会だと思う。この章では、僕が今までやってきた居場所の作り方や仲間の集め方のコツについて十項目にまとめてみた。

1. 複数の場所に顔を出す

自分の居場所を作るにあたって、会社とか家族とか一つのコミュニティだけに人間関係を頼りすぎているとだんだん閉塞感が出てくるので、顔を出せる場所を複数確保しておくと良いと思う。

どんなに気が合う相手でもずっと顔を合わせていると嫌になってしまって相手の些細なことが気になってイライラしたりするし、気に入った場所でもずっと同じ場所にいると飽きが来てうんざりしてきたりするものだ。そんなときにちょっと別の場所に行って違う人に会って、雑談したり軽く愚痴を言ったりできると全体的にうまくいったりする。人間はすぐに飽きる生き物なので、ときどき環境を変えて気分を変えてやることが大事だ。

あと、家族でも会社でもサークルでもなんでも、人間のコミュニティというのはずっと同じように続いていくものじゃない。一、二年も経つといろいろと人間関係や状況が変わって、居心地の良かった場所がいつの間にか微妙な空気になったり、人が集まっていた賑やかな場所がいつの間にか閑散としていたりする。一つの人間関係だけに頼りすぎていると、状況が変化してその場所が居心地良くなくなったときに他に行く場所がなくなってしまう。だから、幅広く人間関係を作っていくつかのコミュニティに顔を出しておくようにするとリスクヘッジになる。

でも、「複数の場に顔を出すのが良い」と言っても、体力的にも時間的にも十も二十もの場所に頻繁に出席し続けるのは難しいし、普段からメインで関わる場所は例えば家族と会社とサークルとかの三つくらいで、サブ的に一年に何回かたまに顔を出すような場所や土地をいくつか持っておいて、あとは日常的に気軽にインターネット上でお喋りとかをできるような知人を持つ、とか、そんな感じが実際的なところじゃないだろうか。そんな風に繋がりを分散させていれば、状況の変化に合わせてサブ的な集まりをメインの居場所に変化させたり、メイン的なところからちょっと距離を取ってサブ的な場所にしたりとかいろいろと調整できるから、自分にとって居心地のいい状況を作りやすいだろう。

今はインターネットの登場によって、頻繁に会わない人との繋がりを維持するコストがすごく低くなったので、昔よりも複数の場所に少しずつゆるく属するみたいなのがやりやすくなった。ネットを使えばあんまり会わない友達の近況をSNSで知ったりとか、遠くに住んでいる友達にメッセージを送って雑談したりがすごく簡単にできる。

インターネットがない頃は遠くの人と連絡しようと思ったら電話とか手紙とかを使うしかなかったから、物理的に離れて暮らしている人たちとは疎遠になりがちだった。それが今はネットのおかげであまり会わない人との繋がりが切れにくくなってゆるく広く人間関係のネットワークを維持するというのがやりやすくなった。昔と比べるとテクノロジーの発達が人間関係をだいぶ自由で柔軟なものに変えてくれたと思う。

2．合わない人とは棲み分けをする

合わない人や合わない場所に無理に頑張って合わせる必要はない。距離を取って「棲み分け」をするのが一番良い。

人間は経済的にも心理的にも完全に他の人間から孤立しては生きていけないから、みんな何かと集まっていろんな集団を作る。でも人が集まって集団ができると、どうしても「その集団に合わない人」や「自分と合わない人」というものが出てきてしまうものだ。価値観や感性が合わない人がいた場合に、攻撃したり服従させようとしたりするんじゃなくて、距離を取って「棲み分け」をしたほうがいい。合わない人同士が近くにいてもお互いにイライラするだけで不毛だから、無理に近くにいる必要はない。最近はインターネットの世界でも、「いかに人と繋がるか」よりも「いかに苦手な人と繋がらないか」という機能が重視されつつある。

誰かと共存できるかどうかというのは距離に左右されるところが大きい。ちょっと苦手な相手でも月に一回会うくらいなら友好的に話せたりするし、気の合う相手でも長時間ずっと一緒にいるとイライラしてきたりもする。棲み分けをするというのは他人と適切な距離を取るということだ。

学校でいじめが起きたり家族の中で暴力が振るわれたりしやすいのは、「同じメンバーが同じ場所にずっと集まっていて他の場所に逃げることができない」からだ。みんながもっと自由に他の場所に行ける状態なら、不和や不仲がいじめや暴力にまでエスカレートする前にどちらかが逃げて別の場所に行ってしまうだろう。他人との距離を自由に調節できない状態で人間が集まると、大体トラブルが起こる。いざというときに逃げられる場所というのはどんなときでも必要だ。

嫌いな人間と一緒にいる必要はないし、合わない場所からは逃げていい。世界は広いからもっと自分に合う場所がどこかにあるかもしれない。だからいろんな場所に行っていろんな人に会ってみるのがいい。そのために世界には人類がたくさんいるのだ。

3．人の流動性を保つ

〈複数の場に顔を出す〉とか〈棲み分けをする〉というのをみんながやりやすくするためには、〈人の流動性を保つ〉、つまり「いろんな人がいろんな場所に出たり入ったりしやすいようにする」というのが大事だと思う。

理想のイメージとしては、「閉鎖した空間で人が外に出ていきにくいようにしてコミュニティを保つ」のではなくて、「オープンな空間で人の入れ替わりがときどきあるけど常に誰かがいる」という感じだ。

僕が昔住んでいた学生寮では、玄関を入ってすぐのロビーの空間に畳を敷いてこたつが置いてあって、僕は寮生のときはいつもその場所にいた。そこは出かける寮生や外から帰って来た寮生がみんなすぐそばを通るので人通りが多くて、そうすると通りかかった人たちのうちの何人かがこたつに立ち寄ってくれて話し相手になってくれたりする。そんな風に「交通量の多い場所でゆるくオープンな空間を開いていると自然に人が集まってくる」みたいなのが僕は好きで、今も人を集めて何かするときにはそれを一つの理想としている。

昔のイエとかムラとかは「ずっとその場所でやっていかないといけない」という縛りが強かった。その時代は外に出ようと思っても他に行く場所がなかったからそれでも成立していたけれど、今は生き方や住む場所の選択肢が増えて人の流動性が高くなってしまったので、一箇所に縛り付けようとするやり方ではみんな窮屈さを感じて出ていってしまって、どんどん人が減っていってしまう。だから今の時代は、人はときどき入れ替わるということを前提として、それでも人が絶えずに集まり続けるという雰囲気を作るという方向性のほうがいいんじゃないかと思う。

何十年も続いている会社や家族やサークルなどを見ても、その中身を詳しく見ると、一、二年ごとくらいに細かく人間関係は変化しているものだ。人間は変化する生き物なので、人間関係やコミュニティを固定することは不可能だ。同じ人間だけでずっと固まっているとだんだん空気がよどんでくるものだし、ときどき人のシャッフルが起きるくらいがちょうどいい。もし人の入れ替わりがうまくいかなくて場が消滅したら、また別の場を作ればいい。

ただまあ流動性が大事と言っても、自分の居場所にしょっちゅう知らない人がやって来ると疲れるし、ある程度閉じていて知り合いばかりがいる場所のほうが落ち着くというのはある。人間関係は固定できないけれど人が入れ替わることに面倒臭さがあるのも確かだ。オープンすぎても疲れるけどクローズドすぎても寂れる。だからどれくらい新しい人を受け入れていくかというオープンさ加減をうまく調整してやる必要がある。

最近は僕もちょっと年をとったせいか、一時的に居心地のいい居場所を作れたとしてもそれは決して「あがり」ではなくて、どんどん自分の状況も周りの状況も変わっていくから、生きてる限りずっと人間関係とか居場所についていろいろと考え続けないといけないのが、ちょっと面倒臭いな……とか思ったりもする。まあそんな諸行無常や有為転変の中でなんとかやっていくのが人生というものなんだろうけど。

4. ゆるさを保つ

合わない人間とは別のグループで棲み分けをするということを書いたけど、一つのグループの中でもあまり内部を統一しすぎず、適当にゆるい感じでバラけていたほうが雰囲気が良いと思う。

同じ意見の似た人間ばかり集まっているのもちょっと偏っていて気持ち悪いし、ちょっと意見が違う人もグループの中にいる感じで、ある程度のバラつきがあるほうが健全だし長続きもする気がする。

僕は何かのイベントとかで十数人くらいが集まったときに、全員が一つの話題を囲んで話すみたいなのが苦手だ。十数人もいると大体声が大きい人とか話の面白い何人かが話して、他の人はそれを聞いているだけという感じになるからだ。一人ひとりとゆっくり会話がしやすいのは三〜五人くらいまでだろうから、大きなグループの中に三〜五人の小グループがいくつかあって、その小グループ間を移動したりしやすいという状態がいい。

会社でもサークルでもイベントでもなんでも、人がたくさん集まった場合には全体を一つに統制しようとするのではなくて、大きなグループの中でそれぞれが好き勝手に小グループを作ったりバラけたりがしやすいような、グループ内の流動性が高い状態を保つ、みたいなのがいいと思う。

ただ、グループ内にいろんな人がいたほうがいいと言ってもやっぱり程度問題で、あんまり合わない人がいると場の良さが壊れてしまったりするので、注意をしたり出ていってもらったりする必要も時にはある。

僕もシェアハウスやイベントなどの場を作る際に、「どうしてもこの人がいると場が壊れてしまう」と思ったときには「すみませんがこの場所はあなたに合ってないと思うので……」などと正直に話して帰ってもらったり、次から呼ばないようにしたりすることがある。「去る者は追わず、来る者は拒まず」という言葉があるけど、お店とかでもあまりにひどいお客さんは出入り禁止になったりするものだし、実際には「去る者は追わず、来る者はたまに拒む」くらいがちょうどいいんじゃないかと思う。

「拒む」というのは相手の存在を否定するわけじゃなくて「相性というものがあるから棲み分けをしましょう」ということで、どちらかが正しくてどちらかが間違ってるわけじゃない。大体人間同士が対立しているときどちらかが百%正しいということはあまりない。

人によって好き嫌いの感性は違うから、僕がどうも気に入らないあいつも別の人にとってはそんなに嫌じゃなかったりするし、ここでは居心地が悪そうだった人が向こうのほうではうまくやっていけたりする。Aという集団で合わなくてもBという集団ではうまくやっていけるかもしれないし、もしBがだめでもC、D、E、Fといろんな集団を試してみたらいい。そうしたらどこかで引っかかるかもしれない。

人や場が自分に合うかどうかなんて相性やタイミングの問題なので、たくさんの人や場に出会える機会が増えれば、どんな人でもどこかの場に引っかかる可能性が高まる。だから、いろんな人が小さな場をたくさん作りやすい社会になれば、みんなどこかしらの場に引っかかりやすくなって居場所がどこにもないという人が減るんじゃないかと思っている。

5. 自分が主催者になる

僕はよく自分で主催して人の集まる場を作ってるんだけど、別にリーダーとかになりたいわけではなくて、単に自分で主催して人の集まる場所を作ってしまえば「自分はこの場所にいてもいいのだろうか？」ということに気を遣わなくていいので楽だというのが主な理由だ。

なんか物寂しいけど人と会話をするのも面倒だし、よそのコミュニティに「新入りですがよろしくお願いします」という感じで入っていくのもだるい、みたいなときに、自分で主催して人を集めれば頑張って喋らなくてもなんとなくそこにいていい感じがするのでいい。僕は大体話すのが面倒だからあまり話さなくて、ちょっと外れたところで煙草でも吸いながら、自分が集めた人たちが楽しく話しているのを見ているのが好きだ。

人を集めるのには特別なスキルは必要ないし、お金をかけなくてもできる。人はみんな集まりたがっているものだから、何か集まるための口実を適当に設けてやればそれでいい。飲み会でもたこやきパーティーでもキャッチボールをする会でも何でもいいし、ファミレスでドリンクバーのドリンクを延々と飲みながらお喋りするだけとかでもいい。

みんな大体寂しくてなんでもいいから集まりたがっているけど、自分が幹事になって人を集めるのは面倒だとか思っていることが多いので、幹事役をやると重宝される。幹事のやることは、基本的には「場所と時間を決めて参加者に連絡を回す」というだけで、あとは適当にニコニコしてその場所にいればいい。まあイベントを企画してもあんまり人が集まらない場合もあるけれど、そういうときは一人で本でも読んでいるか、もしくは仲の良い友達を一人呼んでおいてその人と喋っているようにすれば、誰も来なくても退屈しない。それくらいのゆるさで企画するのがイベントを疲れずに継続するためのコツだ。

「場を自分で作る」というのは良い経験になるから、できるだけ多くの人がちょっとしたものでいいから自分で人を集める場やイベントを企画するというのをやっていくようになるといいんじゃないかと思っている。

いつも誰かの企画に乗っかるだけだとお客様的に場を楽しむだけになってしまったりして、運営側の気持ちが分からなかったりするし。そうすると運営の負担が特定の人ばかりにかかってしまうから、順番に主催者を持ち回りするくらいな感じで回していけたら良いと思う。参加者の中に運営側を経験した人が多いほど「みんなで場を支えていこう」という雰囲気が自然に湧き上がってきて、場がスムーズに回りやすくなる。

年二回開催されて毎回数十万人が集まる同人誌即売会のコミックマーケット（コミケ）には、「コミケにはお客様はいません、全員が参加者です」という言葉があるらしい。コミケというのはもともと商売の場として作られたものではなくて趣味を同じくする人たちが交流するために作られた場所で、だから全員が参加者として協力しながらイベントを作っていこう、という精神が根本にあるためらしい。

そんな風に「みんなが参加者である」という当事者意識を持った場のほうが、いい雰囲気になるし秩序も保たれやすいし長続きもすると思う。

6．空間《ハコ》をキープする

人が集まるコミュニティを維持するためには、「人間関係のネットワーク」というソフトウェアだけじゃなくて、「実際に集まれる空間《ハコ》」というハードウェアを持っていると強い。僕がニートになってからシェアハウスを作ったのも「家があれば人が集まりやすいだろう」というのが理由だ。

決まった場所があって、ぶらっとそこに行ったら誰か知ってる人がいて気兼ねなく喋ったりできる、というような場があるといい。誰かの家やシェアハウスでもいいし、サークルの部室や寮とかでもいいし、知り合いの溜まり場になってるようなカフェや飲み屋とかでもいいし、毎月とか毎年とか定期的に開かれる何かのイベント会場でもいい。

家を借りるとか店をやるとかはお金がかかるので作るハードルが高いけど、別にそこまでしなくても「毎週木曜の夜七時からどこどこのファミレスにいつも集まっている」とかそんな感じでもいい。「とりあえずぶらっとそこに行ったら知ってる誰かがいそうだ」という感じがあれば、人は集まって来るものだ。

コミュニティの人間関係が何かでこじれてしまっても、空間がキープされているとなんとなく惰性で続いていって滅びにくいという効果もある。時間が経てばそのうちなんとなく人間関係が回復したりすることもあるし（しないこともあるけど）。決まった場所がないと、問題が起きたときにすぐにバラバラになりやすい。いわゆる「家族」というコミュニティも、何かでちょっと嫌になったとしても引っ越すのも大変な作業だから、そのまま同じ家で一緒に住んでいるうちになんとなく続いていく、みたいな場合も結構多いと思う。

家という空間は人の集まる場所として強い。何故かというと人がそこで寝泊まりして住んでいるからだ。そうすれば大体毎日誰かがいることになるし、人というのは人がいる場所に集まるものだ。みんな寂しいからな。

今はネットがあれば遠くの人とも繋がれるようになったのは事実だけど、やっぱり地理的に近くに住んでいて気軽に顔を合わせられるほうが交友を深めやすいというのはある。だから場所は大事だ。やっぱり駅の近くとか、何かのついでに気軽に立ち寄りやすい場所のほうが人は集まりやすい。交通が不便な場所でも「遠くても行ってみたくなるような面白そうなイベントを企画する」とかである程度カバーすることもできなくはないけれど、ちょっと労力がかかる。

僕は人が気楽に集まる場がもっと世の中に増えてほしいので、家を借りるハードルがもっと下がったらいいのにと思う。家を借りるのって結構お金がかかるし、借りようとしても大家さんに「シェアハウスをする人には貸せません」とか言われることもまだまだ多かったりするし。今の日本は空き家がいっぱい余っているのが問題になりつつあるし、もうちょい家が安く手軽に借りられるようになったらいいのにと思う。

7．用がなくても気軽に集まれるといい

居場所というのは、何かをするために集まるのではなくて特に用がなくてもいてもいい場所のことだと思う。会社とかの集団だとやっぱり「仕事をするために集まる」という目的が存在するけど、そうではなくて、ただそこにいること、集まること自体が目的である場所、というのが人間には必要だ。「家族」なんかもそういう「無条件で自分がいていいい

場所が欲しい」という需要から生まれていたりする。

別に用事はなくてもぶらっと集まって、お茶を飲んだり雑談をしたりできる場所。そういう場所が近所にあれば寂しくない。いわゆる「溜まり場」というやつだ。

今の日本ではひきこもりで悩んでいる人もたくさんいるけど、ひきこもってる人も別に好きでひきこもっているわけじゃない。狭い部屋に一日中いるなんて全然居心地のいいことじゃないけど、他にいてもいい場所がないから部屋にずっといるだけだ。

天気のいい日に大きい公園に行くと爺さんたちが集まって将棋を指したりその対局を見物したりしていて、そういうのを見るとすごくいいなと思うんだけど、そんな風に用がなくてもぶらっと集まれる場所がもっとたくさんあればいいのになと思う。

ネットの友達が昔「ブルーシートオフ」というのをときどきやっていた。これはネットユーザーが集まるオフ会なんだけど、会場は野外の公園などでブルーシートを敷いただけだ。主催者が「○時から○時までここでブルーシートやってます」とかネットで告知して、とりあえず主催者がずっとそこに座っていて、暇な人がお菓子や飲み物を持ってぶらっと立ち寄って雑談していったりする、というようなゆるいイベントだ。これはお金もかからないしお店の予約も要らないので、企画をするハードルも低いし参加するハードルも低くて良かった。公園でブルーシートを敷いて集まるのは花見のときだけなんて人も多いだろうけど、真夏と真冬以外の天気のいい日なら野外は気持ちいいし、花見でしか行かないのはもったいない。そんな風に気軽に参加できるような集まりが街の中にたくさんあれば、それほどお金をかけずに楽しく暮らせるんじゃないかと思う。

8．みんなで一緒にすることがあるといい

〈用がなくても気軽に集まれるといい〉というのと一見矛盾しているようだけど、人が集まったときに何か共同でする作業があったほうが気が楽だというのはある。何もない部屋にただ人が集まって「さあ交流してください！」とか言われても、よっぽどのコミュニケーション巧者じゃないとなかなか会話が弾みにくいものだ。仲の良い相手同士でも、ずっと同じメンバーで話していると会話のネタがそのうちなくなってくる。何かみんなで一緒にすることがあればなんとなく場が持つし、知らない同士も仲良くなりやすい。別に大したものじゃなくて、みんなでゲームをするとか鍋を作って食べるとかそんなのでいいんだけど。

映画が好きならみんなで映画を見るとか、体を動かすのが好きならフットサルをするとか山登りに行くとか、何か共通の好きなものがあると集まりやすい。趣味というのは自分が楽しむだけじゃなくて人と繋がるためにも役に立つので、趣味を持つのは大事だ。

僕は昔、「もくもく会」という集まりをよく喫茶店で開いていた。「もくもく会」は、喫

茶店とかでゆるく集まって、それぞれもくもくと自分の作業をするという会だ。本を読んでもいいし、仕事をしてもいいし、編み物をしてもいい。たまに作業の合間に雑談をしたりもする。一人で家で作業をしているとつい気が散って別のことをしてしまう人とか、なんとなく暇だから集まりたい人とかに好評で、その後いろんな場所でいろんな人によって「もくもく会」が開催されるようになった。

これも「もくもく作業する」というのは半分くらい集まるための口実のようなものだ。人は大体みんな暇で寂しくて誰かに会いたがっているものだから、集まる口実はなんでもいいのだ。花見をするのでも草むしりをするのでも昔死んだ誰かを偲ぶのでもいい。昔からあるムラとかイエとかいったコミュニティも、祭りとか法事とか盆正月とか、定期的に集まる口実としてのイベントを持っていて、そうやってコミュニティの一体感を保っていた。

子どもとかペットとか、手がかかるものをみんなで面倒見るというのもいいと思う。僕の住んでいるシェアハウスでもネコを飼っているんだけど、動物の面倒を見るという共同の作業があると、会話の種にもなるし、人間関係の緩衝材にもなる。

9. 人の悪口はほどほどにする

〈棲み分けをする〉の派生みたいなものだけど、自分たちと合わない人を攻撃しすぎると雰囲気が悪くなるので、人の悪口はほどほどにしよう。

仲間同士で誰かや何かの悪口を言うのが楽しいのは確かだ。例えば、

「今日こんなことがあったんだけどあの人無神経すぎじゃないか」

「あいつらはいつも問題起こすし本当にうんざり」

「こんな趣味の悪いものが流行るなんて今の世の中はだめだ」

みたいな会話だ。

つらいことがあったときに仲間に愚痴を言うことで楽になるというのは、まあ必要なことだと思う。あと、趣味や価値観が近い仲間と趣味が合わない物事への違和感を共有することは、自分たちの精神を支えてくれる効果がある。

ただまあ、何かを悪く言うときは「どっちもどっち」だということを意識しておくのが大事だと思う。「あいつら」は確かに趣味が悪かったり無責任だったり不気味だったりするかもしれないけど、人間はみんな完璧じゃないから、そんなことを言えば「自分たち」にもだめな部分はたくさんあるはずだ。昔から「人を呪わば穴二つ」と言うように、投げ

た刃はブーメランとなって返ってくる。結局この世界はそれぞれ偏りを持った不完全な人間たちが、いくつかの集団に分かれて生きていくしかないのだ。

だから、愚痴や文句や悪口はある程度は自分たちの精神の安定のためにあってもいいと思うけど、やりすぎないようにほどほどのところで止めておこう。自分自身への内省も忘れないようにして、「あいつらのああいうところはだめだと思うけど、まあ根は悪い人じゃないかもしれんし、自分もだめなところはいっぱいあるしな……」くらいで留めておくのがいいんじゃないだろうか。

他人に苛立ったときは「あの人もあの人でいろいろ大変なんだろう……」ということを想像するとちょっとだけ寛容になれるような気がする。まあそれでもムカつくときはムカつくし、すごく怒ったときはそれを溜めているのも健康に悪いから、たまにはバーッと吐き出しちゃうのもいいと思うけど。

一番良くないタイプの悪口は「自分のプライドを保ったり仲間との団結を強めるために外部の敵を攻撃する」みたいな感じのものだと思う。確かに「あいつらは汚くてずるくて正しくない、俺たちはあいつらと違う」とか言っていれば、自分が肯定される感じがするし、仲間うちの連帯感も出てくる。

大きな例で言うと差別問題とか排外主義とかは大体そういう感情の表れだし、小さな例で言うと「家族の中で親がずっと誰かの悪口を言っていて子どもはそれに同意せざるを得ない」とかもそうだ。でも、そういう団結の仕方は大体外から見ると気持ち悪い感じになるので避けるようにしたほうがいい。

人間は精神的に弱ると自分を守るために差別や攻撃をやってしまう傾向がある生き物なので、意識して気をつけるようにしよう。

10. 滅びたらまた新しいのを作ればいい

コミュニティは生き物だから常に変化していくものだ。いい感じで人が集まって居心地の良かった場所も、時間が経つと自分も周りも少しずつ変わっていって、飽きてきたり居心地が良くなくなったり、だんだん人が集まらなくなっていったりする。まあそうなったら仕方がない。気分を変えてまた新しい居場所を作ればいい。

コミュニティというのはキノコみたいだなということをよく思う。どういうことかというと、普通僕らが思い浮かべるあのキノコの形状は子実体と言って、キノコの生涯の中ではごく一時的な形態なのだ。普段のキノコは菌糸という白っぽい糸のような状態で土の中に広がっている。キノコにとっては菌糸でいることのほうが通常の状態なんだけど、ときどき何かのきっかけで胞子を作って増殖するために子実体を作る。外から見えるのは子実体だけだけど、実際は土の中に広がっている菌糸のほうが本体なのだ。

人間関係も、知り合いのネットワークというものが菌糸のようにゆるく広く拡散していて、そのネットワークの中でたまたま何かの条件が揃うと、コミュニティやイベントなどの外からも観測できる人の集まりが多種多様な色彩のキノコのように生まれてくるのだ。コミュニティは数年単位でできたりなくなったりを繰り返すけど、個人間の繋がりというものは何年か会わなくてもそんなに消えてしまわないものだ。特に今はインターネットのおかげでゆるく知り合いと繋がり続けるのは楽になった。菌糸に栄養があれば子実体を何回でも作れるように、良い人間関係のネットワークを持っていればそこからいろんなコミュニティを何回でも作り出せるだろう。

例として、数年前に東京にたくさんの人が集まる賑やかなシェアハウスがあったんだけど、あるときそのシェアハウスが諸事情で解散することになってしまった。でもそれで住んでいた人たちの繋がりが消えてしまったわけではなくて、そのシェアハウスの元メンバーで飲み会をやったり仕事を紹介し合ったりみたいな関係はその後も続いたし、シェアハウスの元メンバーがそれぞれ別の場所で新しくシェアハウスを始めるというのが別々に五軒ほど生まれたりもした。場は消えることがあるけど、その場の精神は胞子のようにばらまかれて受け継がれていって、別のところで少し形を変えた新しい場がまた生まれていく。

今は人生も長いし社会にも変化が多い時代なので、何十年もずっと一つの同じコミュニティだけに頼って生きるのはなかなか難しくなってきている。だから何かの拍子で居場所がなくなってしまってもまた新しい別の居場所を作り出せるように、一つの場所にこだわりすぎずにゆるく広く人間関係のネットワークを広げておくのが一番良いやり方なんじゃないだろうかと思う。

本書のまとめ

将来の不安に備えて

僕みたいに三十代半ばになっても貧乏で定職にも就かず家族も作らずにふらふらと怠惰な生活をしていると「将来が不安にならないのか？」というようなことをときどき聞かれる。

正直に言うと、それほど不安を感じてはいない。「まあなんとかなるんじゃないか？」とあまり根拠なく思っている。

もし何か困った状態になったとしてもある程度までなら友人知人を頼ればなんとかなりそうな気もするし、それでどうにもならないような事態なら仕方ないと諦めるしかないな、と思う。どうにもならなかったら死ぬだけだ。心配なのは死ぬときに潔くサックリ死ねるかどうかということだろうか。認知症とかになってしまったらキツいな……というのは思う。あんまり年をとりすぎないうちにサクッと死んでおくのがいいかもしれない。六十代前半くらいで。

老後にもっと保障を求めるなら若いうちから真面目に働いて備えを作っておいたほうがいいんだろうけど、そういうのは僕にはできなかったから仕方ない。周りの人と協調性を保ちながら毎日会社に出社して真面目に働くというのは僕には苦行だったし、何十年後かの（早死にして来ないかもしれない）老後のために何十年もそんな苦行を続けるのは僕には不可能だった。もしちゃんと備えをしてたとしても、突然事故とか災害とかで死んでしまうかもしれないし、そうしたら老後への備えは無駄になるからもったいない、とか思ったりもするし。

だから結局「将来？　サックリ死ねたらいいな」という感じになってしまうんだけど、まあそういう僕の考え方は極端なものだと思う。僕は単に先のことを想像する力が人より欠如しているだけで、実はやばい状況なのにそれが見えてなくて楽観的になっているだけだという気がしないでもない。だから僕のような生き方を万人にお勧めするわけじゃないし、やっぱり将来不安だなーって思う人はそれぞれそれなりに備えをしておくのが良いだろう。

ただ、備えるにしても、会社とか家族とかお金だけに頼るんじゃなくて、この本で書いたようにもっといろんな方向に人のネットワークを広げたり、できることや興味のあることや詳しく知っていることを増やしたり、いろんな土地に少しずつ根を張ったりしておくのが良いと思う。

投資でよく言われる言葉に「卵は一つのカゴに盛るな」というのがある。複数のカゴに卵を分けて入れておけば、どれか一つのカゴを落として卵が割れてしまっても被害は一部だけで済む。人生において予想外のトラブルというのは絶対起きるものだから、いろんな方面に保障を作っておいたほうがいい。

活動家の湯浅誠さんが「貧困というのは単にお金がないことではなくて、お金・人間関係・精神的余裕などのさまざまな有形無形の〝溜め〟を持っていない状態のことだ」とよく言っているけれど（『反貧困』〈岩波新書〉など）、お金でも家族でも会社でも友人でも知識でも特技でもなんでもいいから、困ったときにそれに頼って少ししのげるような〝溜め〟をいろんな場所にたくさん作っておくのがいいだろう。


ただまあ、困ったときの生活の不安とかについては、国とか公的なところがもうちょいなんか助けてくれてもいいんじゃないの、ということも思う。

人が何か人生で困った状況になっているとき、その責任はその人だけにあるんじゃなくて、その人自身の力ではどうにもならなかったような生まれ育った家庭や周りの環境のせいだったり、たまたま不運にも事故や病気や災害などに遭ってしまって追い詰められてしまったせいであることも結構多い。今幸せに生きている人も、たまたま運良く事故や病気や災害に遭わず、環境や条件に恵まれていただけに過ぎなかったりすると思う。

だから、人生の不幸を自己責任として百パーセントその人自身に押し付けてしまうのはあまり良くない。まあ、かと言って全て「社会のせい」とか「環境のせい」とか言うのも甘すぎて個人の努力をスポイルしてしまう感じがあって良くないので、「自己責任は五十パーセント」くらいに考えておくのがちょうどいいように思っているんだけど。

人間は誰でもいつ予想外に困った状況になるか分からないものだ。だから「健康で文化的な最低限度の生活」（日本国憲法第二十五条）は公的な機関が保障する、というのが良い社会だと思うんだけど、これまでの日本の社会ではそうした保障の役割を会社とか家族とかにかなり丸投げしてしまっていて、「会社や家族に属さないような〈普通〉から外れた変人は知らん、自己責任だ、勝手に死ね」みたいな感じだったりした。

でも今は数十年前と違って、会社もそんなに社員の人生を全面的に面倒見るような余裕はないし、家族も結構破綻することも多くなってきていて、そうした昔ながらの保障がだんだんなくなってきている。じゃあ国とかがもうちょっとなんとかすべきだと思うんだけど、制度とか世の中の空気とかはなかなか変わらないもので、公的な支えはまだまだ不十分だと思う。まあとりあえずは国や自治体の福祉制度などで使えるものがあれば最大限利用するようにして、足りない分は自分たちでセーフティーネットを自作してしのいでいくしかないのだろう。

世の中は少しずつしか変わらない

「はじめに」でも書いたように、僕は「今は今までで一番自由で良い時代だ」と思っているけれど、でも今でもまだまだ世界は問題に溢れていてつらい人や不幸な人がたくさんいるのも確かだ。ただまあ、世の中というのはじわじわと少しずつしか変わらないもので、ある程度は仕方ないんだろうと思う。

昔のことを振り返ってみると、たった数十年前でも、街は今より汚くて喧嘩や犯罪や病気は今より多くて、社会全体が今よりもっと男尊女卑な感じだったり、家庭や学校では今よりもっとカジュアルに殴ったり殴られたりしていたり、暴力団がもっと大っぴらに活動していたり工場は公害を出しまくっていたりして、全体的に今より野蛮で粗暴な感じがあった。

もうちょっと遡って百年前や二百年前になると、世界では戦争が今よりもっとたくさん起こっていて、よその国を侵略して植民地にするというのが普通に行われていたり、よその国の人間をさらってきて奴隷にしていたり、罪人の首をギロチンで切り落とすのを広場で見世物にしていたり、侍が刃物を腹に突き刺して自決したりしていた。そんなのが普通のこととして通用していた時代に比べたら、まだまだ問題がたくさんあるとはいえ、人類はずいぶん野蛮じゃない方向に進歩したものだと思う。

多分今から百年後や千年後の世界はもっとスマートな感じに洗練されていて、そこから見ると二十一世紀初頭の現在の世界もずいぶん野蛮に見えることだろう。自分はあと数十年もしたら死んでしまうから百年後や千年後に世界や人類がどう進歩するか見られないのは残念だなー、と、ときどき思う。まあそれは、不老不死にでもならない限りどの時代に生まれても同じことを思うんだろうけど。

世の中は確実に少しずつ良くなっているけど、世の中は少しずつしか変わっていかない。その理由は、なんか社会に漂ってる雰囲気とか、人々の間に広く共有されてる価値観とか、そうした「世の中の空気」みたいなものって少しずつしか変わっていかないからなんだろうと思う。

そういうのは、もし何か強力なパワーでガーッと強引に変えてしまったとしても、社会の大多数のみんなの意識は急には変わらないからあんまり定着しなくて、またすぐにひっくり返って元に戻ったりしてしまうものだ。

フランス革命というのは絶対的な権力を持っていた王制を倒して市民が国を治める共和制を開始したという世界史上の大事件だけど、あれは一旦王制を廃止したあとにまたゴタゴタがあって王政復古というのがあって王様が復活して、そのあとにまた革命で王制を倒したりして、それでようやく共和制というのが定着した。世の中というのはそんな風に一進一退しながらじわじわと少しずつしか変わっていかないものなんだろう。

世の中の空気のようなものを変えるにはどうすればいいかというと、結局、それぞれの人がしっかりと考えながら自分の人生を生きていくしかないのだと思う。世の中の空気というのは、一人ひとりのそれぞれの個人の生き方の集合体だからだ。

それぞれの人が自分の頭で、自分にはどういう生活が向いているか、どういう土地でどういう人たちと暮らしたいか、どういう物を食べてどういう物を消費して生活するのがいいか、どういう社会に生きていきたいか、などをじっくりゆっくり考えて、少しずつ実践してそれぞれの人生を生きていけばいい。

そして、世界中のあらゆる場所やインターネット上のスペースで、人と人とが出会ってお喋りをしたり議論をしたり情報交換をしたりメディアやブログで自分の考えを発表したりして、そんな風に何千何万というそれぞれの人の人生が交差して議論したり交流したりしていく中で、「こういう考えは時代遅れじゃないか」「こういう社会のほうがいいんじゃないか」という風な世の中の空気というのが少しずつ醸成されて、少しずつ世界が良くなっていくのだろうと思う。

生きることは世の中を変えることに繋がっている。そして今の時代は今までで一番多種多様な生き方が可能になりつつある時代だ。

使えるリソースはたくさんある。会社や家族やお金の便利さも利用しつつ、インターネットを使ってゆるい知り合いのネットワークを作り上げたり、生活の中でお金に依存しない部分を多くしてみたり、古い伝統を利用しつつも新しいやり方も取り入れてみたり、法律や政府もうまく活用したり、要は使えるものはなんでもいいから全部使って、とりあえずなんとかそれぞれの人が生き延びていけばいいんじゃないかと思う。

そんな風に新しいものを取り入れながら自分で生き方を工夫していくような人の人生や生活のサンプルが、十年後や二十年後の世界には今より何百万と多く蓄積されているだろうし、そうすればその頃は今よりも、もっと生きやすくてもっと選択肢が多くてもっと楽しい社会になっているだろう。そんな未来に期待している。

あとがき

今日もまたサイゼリヤに来てしまった。家の近くのサイゼリヤは駅からも幹線道路からも遠いのでいつもあまり混んでいなくてお金をかけずにのんびりと過ごせる第二の自宅のような場所だ。平日昼間はランチとドリンクバーのセットが六百十円（税込）で頼めるので、午後二時か三時頃に遅めの昼ごはんを食べてから夕方過ぎまでドリンクバーでカプチーノをお代わりしつつ本を読んだり本やブログに載せる文章を書いたりするというのが最近のよくある行動パターンになっている。

家には机と椅子がないからすぐに横になってだらだらしてしまうので、何か作業をしたいときは喫茶店やファミレスに来ることが多い。ファミレスのいいところは安いところと机が広いところと、あとはひたすら放置してくれるところだろうか。最近の水さえもセルフサービスで取りにいかなければいけない格安系ファミレスでは呼び出しボタンを押さない限り店員は一切やって来ないので、注文したあとに何時間もだらだらくつろいでいても居心地が悪くならない。僕は大体店の隅っこの席で靴を脱いで椅子の上であぐらをかいて机の上にノートパソコンを広げてキーボードをカチャカチャと打っている。

そういえばノートパソコンが最近壊れてしまったので新しいのを買った。Chrome OS

というグーグルが最近作ったOSが載っているやつで、値段は新品で二万八千円。安いマシンだけど、ネットを見たり文章を書いたりするだけならそんなに不自由なく使える。文章を書くというのはお金を得る手段としてはあんまり稼げなくて大変だけど、趣味としてはあまりお金をかけずに長く楽しめてコストパフォーマンスが良いから、みんなもっと趣味として文章を読んだり書いたりをいっぱいすればいいと思う。今はブログやSNSなど気軽に書ける場所はたくさんあるし。僕も今回たまたま本を書いているけど、もともとは十年以上ずっと趣味でブログを書いていただけだった。ネットで何かを発信するといろんな反応が返ってきたり知り合いが増えたりするので楽しいし。

文章を書く力を付けるにはたくさん本を読むのがいい。面白い本を読むと人に紹介したくなったり自分の思ったことを書いたりしたくなるものだし。僕は大体いつも図書館で借りた本ばかり読んで暮らしているんだけど、この本で伝えたかったことの一つは、「本に書いてあるようなちょっと難しい知識は現実の生活と切り離されたものではなくて、知識と現実は繋がっていて、知識は人生を変えるし社会を変える」ということだと思う。この本は、本で得られる知識と、僕の怠惰な生活と、お金がなくてもいろんなことをやっていく具体例みたいなものの三つを、シームレスに繋げて混ぜ合わせて、できるだけ読みやすい文章で説明してみた、という感じだろうか。

僕のことを「京大を出てまともに働かず貧乏暮らしをしているのはもったいない」など

と言う人もいるけれど、僕が大学受験や大学生活で得たものは本を読んだり学んだりすることの面白さや勉強の方法やコツで、今の僕の生活はその得たものを十分に活用できていると思う。何かを学んで身につけて活用する、そのやり方さえ忘れなければ、どこに行ってもわりとなんとかやっていけるものだと思っている。

僕が一冊目の著書『ニートの歩き方』を出版したのは二〇一二年のことだった。その後、次は対象をニート周辺に限らずに、もっと広く「なんか人生疲れるなー……」って思ってる人全体に向けて何かを書いてみたいという気持ちはあったんだけど、のんびり進めていたらいつの間にか三年も経ってしまっていた……。まあ「働きすぎて死ぬのはおかしい」という内容の本を書くために働きすぎるのは何やってるんだという感じがあるので、そんなものでいいだろうか。ゆっくりと待っていただいた、そしていろいろとアドバイスを出してくださった幻冬舎の大島加奈子さんにはとても感謝しています。

最後まで読んでいただきありがとうございました。ではまた、ネットや本などの文章かもしくは現実世界でか、どこかで機会があればお会いしましょう。

pha

http://pha22.net/

ゆるく生きるためのブックガイド

僕がこの本で書いたいろいろなことはほとんど全部僕がゼロから考え出したオリジナルなものではなくて、僕が今まで読んで影響を受けたいろんな本の内容を集めて並べ替えて、その上に僕の「だるい、働きたくない」という怠惰さをまぶしてリミックスしてまとめたような感じ。大体僕が文章を書くときは、「世の中にはこんな本やこんな本があって面白いよ」というのを紹介したくて書いているようなところが半分くらいある。だから、この本を読んだ人がこの本を入り口としてさらにいろんな本を読んでいってくれたらいいなと思うので、各章を書くにあたって引用した本や影響を受けた本のリストを最後に置いておきます。よかったらいろいろ読んでみてください。

はじめに

本田由紀『社会を結びなおす――教育・仕事・家族の連携へ』（岩波ブックレット）

第一章　働きたくない

國分功一郎『暇と退屈の倫理学 増補新版』（太田出版）
カズオ・イシグロ『わたしを離さないで』（ハヤカワepi文庫）
見田宗介『宮沢賢治――存在の祭りの中へ』（岩波現代文庫）

第二章　家族を作らない

岩明均『寄生獣』（講談社）
長谷川寿一・長谷川眞理子『進化と人間行動』（東京大学出版会）
真木悠介『自我の起原――愛とエゴイズムの動物社会学』（岩波現代文庫）
グレッグ・イーガン『しあわせの理由』（ハヤカワ文庫）
西川祐子『住まいと家族をめぐる物語』（集英社新書）
久保田裕之『他人と暮らす若者たち』（集英社新書）
信田さよ子『母が重くてたまらない――墓守娘の嘆き』（春秋社）
上野千鶴子・信田さよ子『結婚帝国』（河出文庫）

上野千鶴子・古市憲寿『上野先生、勝手に死なれちゃ困ります――僕らの介護不安に答えてください』（光文社新書）
上野千鶴子『おひとりさまの老後』（文春文庫）

第三章　お金に縛られない

近藤麻理恵『人生がときめく片づけの魔法』（サンマーク出版）
伊藤洋志・pha『フルサトをつくる――帰れば食うに困らない場所を持つ暮らし方』（東京書籍）
伊藤洋志『ナリワイをつくる――人生を盗まれない働き方』（東京書籍）
宮本常一『生きていく民俗――生業の推移』（河出文庫）
ジャレド・ダイアモンド『銃・病原菌・鉄――一万三〇〇〇年にわたる人類史の謎』上下巻（草思社文庫）
真木悠介『時間の比較社会学』（岩波現代文庫）
養老孟司『養老孟司の旅する脳』（小学館）

第四章　居場所の作り方

pha『ニートの歩き方――お金がなくても楽しく暮らすためのインターネット活用法』（技

術評論社）

與那覇潤『中国化する日本 増補版——日中「文明の衝突」一千年史』（文春文庫）

本書のまとめ

湯浅誠『反貧困』（岩波新書）

pha（ファ）

1978年生まれ。大阪府大阪市出身。現在東京都内に在住。

京都大学を24歳で卒業し、25歳で就職。できるだけ働きたくなくて社内ニートになるものの、28歳のときにインターネットとプログラミングに出会った衝撃で会社を辞める。以来毎日ふらふらしながら暮らす。

シェアハウス「ギークハウスプロジェクト」発起人。著書に『ニートの歩き方――お金がなくても楽しく暮らすためのインターネット活用法』（技術評論社）、『フルサトをつくる――帰れば食うに困らない場所を持つ暮らし方』（共著、東京書籍）がある。

持たない幸福論

働きたくない、家族を作らない、お金に縛られない

２０１５年５月25日　第１刷発行
２０１５年６月15日　第２刷発行

著者　ｐｈａ

発行者　見城 徹
発行所　株式会社 幻冬舎
〒１５１‐００５１ 東京都渋谷区千駄ヶ谷４‐９‐７
電話　０３(５４１１)６２１１(編集)　０３(５４１１)６２２２(営業)
振替００１２０‐８‐７６７６４３
印刷・製本所　中央精版印刷株式会社

 ISBN978-4-344-02768-8 C0095
幻冬舎ホームページアドレス http://www.gentosha.co.jp/
この本に関するご意見・ご感想をメールでお寄せいただく場合は、comment@gentosha.co.jpまで。